OPEN是一種人本的寬厚。

OPEN是一種自由的開闊。

OPEN是一種平等的容納。

OPEN 2

禪學的黃金時代

作　　者一吳經熊
譯　　者一吳怡
發 行 人一王春申
總 編 輯一李進文
編輯指導一林明昌
主　　編一王育涵
責任編輯一徐平
校　　對一趙蓓芬
封面設計一吳郁嫻

營業經理一陳英哲
行銷企劃一魏宏量
出版發行一臺灣商務印書館股份有限公司
23141 新北市新店區民權路 108-3 號 5 樓（同門市地址）
電話：(02)8667-3712　傳真：(02)8667-3709
讀者服務專線：0800056196
郵撥：0000165-1
E-mail：ecptw@cptw.com.tw
網路書店網址：www.cptw.com.tw
Facebook：facebook.com.tw/ecptw

局版北市業字第 993 號
初版：1969 年 11 月
二版一刷：2019 年 2 月
印刷廠：沈氏藝術印刷股份有限公司
定價：新台幣 380 元
法律顧問：何一芃律師事務所

禪學的黃金時代

John Wu Ching-hsiung
吳經熊——著
吳怡——譯

目次

譯者前言

禪是不能談的，這是禪的教條之一。歷代的祖師們都主張「言語道斷」，要一開口就打，因此德山禪師宣布說：

「道得也三十棒，道不得也三十棒。」

但禪又是不能不談的，這也是禪的一個特質。歷代的祖師們都在苦口婆心的談，正如雲門禪師感慨的說：「莫道今日謾諸人好，抑不得已向諸人前作一場狼藉，忽遇明眼人見，謂之一場笑具，如今亦不能避得也。」因此在這裏頗令人進退為難，談禪則不是，不談也不是。那麼究竟怎樣辦呢？最安全的也許是：該談的時候談，不該談的時候不談。話說得投機，千句嫌少；否則，半句也多。例如六祖慧能的《壇經》，石頭禪師的《參同契》，儘管寫了那麼多文字，卻令人覺得句句真切，毫不嫌多。相反的，某和尚只說了「若論正因，一字也無」幾個字，卻被隔壁的老和尚譏為：「好一釜羹，被一顆鼠矢污卻。」

然而要怎樣才能句句投機呢？其實要想去投機，早已錯過了機。禪本無定法，當然不會有一套談禪的藝術公式。但不可否認的，禪師的談話技巧，卻是最高的藝術。世界上任何一位演說家，也比不過禪師們那樣的善於說法。事實上，這裏面並沒有什麼奧祕的道理，否則便不是禪了。孔子曾說：「七十而從心所欲，不踰矩。」莊子也曾說過：「有真人而後有真知。」這是說只要你自心達到了那個境界，自然你的所作所為都能恰到好處。否則，即使用盡心機，也只是東施效顰而已。因此必須自己是真人之後，你所領會的才是真知。這時，無論談也好，不談也好，都是貨真價實的禪。

本書的作者，吳師德生博士，可說完全符合了前面兩句話，他已達不踰矩之年，而且也是一位真人。不過筆者這裏所謂真人，並沒有包含任何玄味，只是如禪宗所謂真正能披露自己的人。譬如說，他是一位虔誠的天主教徒，然而又衷心的喜愛禪理。這兩者對他來說毫不妨礙，因為他已超越了兩者的樊籬。這並不是說他離經叛道，抹煞了上帝或佛，而是說他有一個真正的自我，他的喜愛是真正從自心中流出的。

在本書中，他曾描寫六祖的《壇經》說：

「《壇經》並不是一本絞盡腦汁的學究之作，而是出自於一位真人的肺腑之言，其中的每一字一句，都像活泉中所噴出的泉水一樣，凡是嘗過的人，都會立刻感覺到它的清新入骨，都會衷心的體認到它是從佛性中流出的。」

其實用這段話來描寫本書，也是非常得體的，因為筆者翻譯本書，能在短短兩個月內，一氣呵成，可見原文的深入淺出，爐火純青。當然譯稿中不免有許多與原文有出入的地方，但吳博士卻笑笑說：

「就依照你自己的文筆來譯吧！譯稿唯有能文如其人的像譯者自己，才是真正的忠於原文。」

這話又是何等的深刻，何等的氣度啊！

在脫稿時，吳博士曾囑筆者寫一篇導言附於書中，但筆者深感「游夏不能措一辭」！這一釜大好的羹湯，豈容筆者投下鼠矢！因此特地引證邢光祖先生在〈禪與詩畫〉文中的一段讚評：

「吳先生所著英文的《禪學的黃金時代》一書，據管見所及，也許是政府播遷寶島臺灣以來，學術界所出版的第一冊好書，同時也是吳先生所著諸書中對中國學術最大的貢獻，筆者敢於預料該書將成為國人對於禪學的代表作，吳先生是中國的鈴木居士，該書廣證博采，襞析入微，並能融和各家，包羅萬象，非深下功夫，不能有此成就。吳先生在該書內非僅以詩論禪，抑且文筆有詩之美，尤為難得，其中甚多係鈴木大拙所未能抉發者。」（華岡佛學學報禪

與詩畫註一〇八）

　　邢先生深通禪學，其推崇如此，相信讀過本書的朋友們，也都會產生同樣的共鳴。不過甘泉雖好，還須自己親嘗。唯有真人才能識真人，而每個人都有自己的真人。筆者只是一個多嘴的媒婆，如果再說下去，明眼的真人們就會請筆者吃棒喝了。

第一章　禪的起源

禪學，像所有活潑的傳統一樣，它們的起源，都是充滿了許多神話和傳奇，因此禪的開展，也自然和釋迦牟尼發生了關係。

據說有一次，釋迦牟尼在靈山會上說法，他拿著一朵花，面對大家，不發一語。這時聽眾們都面面相覷，不知所以。只有迦葉會心的一笑。於是釋迦牟尼便高興的說：

「吾有正法眼藏，涅槃妙心，實相無相，微妙法門，不立文字，教外別傳，付囑摩訶迦葉。」

因此禪便在一朵花和一個微笑之間誕生了。你也許以為這故事太美了，可能不是真的；而我卻認為正因為它太美了，不可能是假的。禪的生命並不依靠歷史的事實。無論是誰創造了這個故事，顯然他已把握住禪的精神

——因花微笑，由笑花開。

迦葉，據說是印度禪的初祖，在他以後傳了二十七代，至達摩是第二十八祖，也是印度禪的最後一祖。自達摩來到中國後，便成了中國禪的初祖。所以達摩在禪宗史上，可說是溝通中印思想的一座橋梁。

印度禪的這二十八祖的法統據考證是後人揑造的（譯者按，胡適博士在荷澤大師神會傳中曾有考證），在梵文中也沒有印度禪宗法統的記載。禪宗的這個「禪」字本來是從梵文「禪那」的音譯變來的，但其間意義上有很大的差別。「禪那」是指一種精神的集中，是指一種有層次的冥想，而「禪」，以中國祖師所了解的，那是指對本體的一種頓悟，或是指對自性的一種參證。他們一再的提醒學生，冥想和思索，都會失去了禪的精神。

胡適博士曾發揮說：「中國禪並不來自於印度的瑜伽或禪那，相反的，卻是對瑜伽或禪那的一種革命。」也許這不是一種有目的的革命，而是自然的轉變；但無論是革命或是轉變，「禪」不同於「禪那」卻是事實。鈴木大拙博士曾說：

「像今天我們所謂的禪，在印度是沒有的。」

他認為中國人把禪解作頓悟，是一種創見，也足證中國人不願囫圇吞棗似的吸收印度佛學，他說：

「中國人的那種富有實踐精神的想像力，創造了禪，使他們在宗教的情感上得到了最大的滿足。」

以筆者的看法，禪宗的形成最早是受到大乘佛學的推動，否則單靠老莊等道家思想的復興，實不足以構成禪宗那種生龍活虎般的精神。不過說起來好像是矛盾的，由於大乘佛學的推動使老莊的透徹見解，在禪的方式上獲得了復興和發展。湯姆士默燈（Thomas Merton）先生曾極有見地的說：

「唐代的禪師才是真正繼承了莊子思想影響的人。」

我們也可以說，禪師們最根本的悟力是和老莊的見地一致的，《道德經》的第一、二兩章便說出了禪的形而上基礎。至於禪和莊子的關係，鈴木大拙博士分析得非常清楚，他說：

「禪師的最明顯的特質是在於強調內心的自證。這種自證，和莊子的坐忘、心齋，和朝徹是如出一轍的。」

如果這種說法不錯，那麼莊子的根本精神便是禪的核心。唯一的不同，是莊子仍然停留在純粹的悟力中，而禪則發展為一種導致開悟的訓練；這種訓練也是今天日本禪的特殊貢獻。

因此懂得莊子心齋、坐忘、朝徹的境界後，將有助於我們了解禪的本質，下面筆者將分別予以說明。

1. 心齋：

「心齋」見於《莊子・人間世》中孔子和顏回的一段對話，據說顏回有一次要到衛國去遊說，孔子澆了他一盆冷水，認為他本身的功夫還沒有做到純一不亂的境界，如果貿然去諫，非但無益，反而有害。於是顏回便向孔子請教方法，孔子告訴他要「心齋」說：

「一若志，無聽之以耳，而聽之以心，無聽之以心，而聽之以氣，聽止於耳，心止於符；氣也者，虛而待物者也，唯道集虛，虛者心齋也。」

2. 坐忘：

「坐忘」兩字的原意，萊濟（Legge）翻為「我坐著而忘了一切」，伽爾斯（Giles）和林語堂翻為「我坐著而忘了自己」，馮友蘭翻為「忘了一切」，鈴木大拙翻為「心忘」，我認為這個「坐」字不應從字面上去體味，它的意思，可以說是坐於忘，或沉入於忘的境界。這個忘的範圍很廣，包括了忘己和忘物，不僅要坐著才能忘，而是在任何情形中都能忘。下面是莊子描寫有關坐忘的故事：

有一次，顏回告訴孔子說他的功夫大有進步，已忘了仁義，孔子認為他還不夠深刻。過了幾天，他告訴孔子說他已忘了禮樂，孔子仍然沒有加以讚許。再過了一段時間，他又告訴孔子說他已「坐忘」了。這境界連孔子也有所不知，反問顏回，顏回解釋說：

「墮肢體，黜聰明，離形去知，同於大通，此謂坐忘。」

3. 朝徹：

「朝徹」是道家修鍊的一種境界，莊子曾描寫過一段有關朝徹的故事。

有一次，有人問女偊，為什麼他年紀那麼大了，但容貌還是嫩得像小孩一樣，女偊告訴他這是得了道的功效。那人又問女偊：他是否可以學道呢？女偊坦白的說他不是學道的材料；接著便把自己教學生卜梁倚的經過告訴他說：

「以聖人之道，告聖人之才，亦易矣。吾猶守而告之，參日，而後能外天下；已外天下矣，吾又守之七日，而後能外物；已外物矣，吾又守之九日，而後能外生；已外生矣，而後能朝徹；朝徹而後能見獨，見獨而後能無古今，無古今而後能入於不死不生。」

上面，筆者之所以冗長的引證了莊子的這三段文字，乃是因為其中包含了很多禪的種子。當然我們不能否認禪師們都是佛家，但他們對於老莊思想的偏愛，卻影響了他們在佛學中選取了那些和老莊相似的旨趣，而作特殊的發展。

此外，莊子「真人」的思想也深深影響了後代的禪師，最顯著的是臨濟義玄，和他開展出來的臨濟宗都以真人為最高境界。莊子最重要的一個觀念是「夫有真人而後有真知」，這是強調存在先於知，這也是禪的一大特色——先存在而後能知。禪的思想正好和笛卡兒的「我思，故我在」相反，而是「我在，故我思」。

最近美國佛吉尼亞州（Virginia）有一位墨芬蒂（William C. Mcfadden）教授，曾召集了一個為期三日的各大學學生會議，討論目前大學青年緊張心理的因素，他在〈是什麼使他們煩惱〉一文中簡述會議的經過說：

「當一切可能的緊張因素都列舉出來後，一位學生說：『這些原因統統是，又統統都不是。我總覺得還有一個別的原因。』另一位附和說：『我也覺得有那麼一個說不出的東西使我煩惱？』又有一位說：『這個令人煩惱的東西，好像是虛空無物的，但是如何才能描寫這個虛空呢？』還有些人認為是缺少真，或美所致。但這些看法都立刻被否定了，大家都覺得這個東西恍恍惚惚，不可名狀，最後有一位口若懸河的學生作了如下的結論，他說：『在我們的心靈中，總覺得欠缺空間，使我們透不過氣來。』」

墨教授接著發揮說：

「人類心靈的不安由來已久，他們尋求絕對，尋求不朽，尋求永恆，尋求無限。但事實上這個絕對既然是無限的，那麼一定是不可捉摸的，不可界限的，是一種類似虛空無物的東西。這個無限如果可以界限的話，那就不再是無限了。」

這位作者並沒有想到禪和道家。但他卻揭出了一個極為生動的看法，使我們了解為什麼禪和道家是如此的吸引了西方青年，他們希望從禪和道家中去尋求那個使他們煩惱的東西。他們已厭倦那些既定的觀念以及傳統的宗教信條。傳統的神學對他們來說，好像幾何學一樣，只強調那些可以傳達的，而完全忽略了那些不能傳達的。這個不能傳達的東西就是禪和道家探討的天地。禪和道家並不是真能傳達那個不能傳達的東西，而是他們有方法把它引托出來，使我們的心境開闊，有更多呼吸的空間。

中國精神的最大特色，是不喜作有系統的觀念說明，我們最動人的詩，就是那些「言有窮而意無盡」的絕句，能夠用字，聲、色所表現的，都不是最真實的。中國精神是超越了字，聲、色之上，它是借字以寫無限，借聲以說無響，借色以明無形，也就是借物質以烘托精神。

斯曲蘭催（Lytton Strachey）讀了伽爾斯所翻的中國詩後，曾比較希臘和中國詩的差別說：

「希臘的藝術，在文字方面的造詣，是世界上最完美的，它永遠的尋求最好的表現，在希臘詩集中最精彩的抒情詩，實質上都是格言式的，這和中國的抒情詩大不相同。中國詩不是格言式的，它要留下一個印象，這個印象不是終結的，而是無窮境界的開端。它完全是呈現在一種不可思議，只能意會不能言傳的氣氛中。」

譬如李白的那首五言絕句：

「美人捲珠簾，深坐顰峨眉，但見淚痕濕，不知心恨誰。」

斯曲蘭催曾評讚這首詩說：

「突然的，簾子捲起來了，一剎那間，呈現出一幅動人的圖畫。使我們的心靈化作一隻遊艇，在不可思議的，愈流愈廣的想像之河上飃盪。這一類的詩，富於寫意，但並不是一個攝影式的紀錄，而是對於切身體會到的經驗，用微妙的筆觸表達了出來。」

這就是中國的詩畫和生活藝術的風格，這也就是禪的風格，在這方面，禪可以說是中國精神的象徵。

西方文明，可說是希臘精神的產物，在目前已發達到飽和狀態，所以西方的好學深思之士，反而感覺不足，也就在這時，認識到東方的偉大。由於東方人都把注意力集中於西方的科學文明，因此禪的那種兩難的論法對西方人的吸引力遠勝過東方人，事實上，今天禪的精神已滲入到西方思想的前鋒，將來又會反轉來影響東方。人性本是一致的，是超越了東西方的；而且唯有超越東西，才能綜合東西。假如我要作個預言的話，我將說這種綜合必先成熟於西方，然後再散布到全世界。

東方人最好記得愛倫維特（Alan Watts）所說：作為禪學源頭的莊子哲學是和現代人的境遇息息相關的。維特認為莊子和恰定（Teilhardde Chardin）在把宇宙看成一個有機整體的這一點上是相同的。這種看法比起牛頓把宇宙看成像撞球撞擊那樣的機械化來，顯然是更近於二十世紀的科學了。

另一方面，西方人也應認清禪並不是完全沒有理性和節奏的，它的瘋狂中自有法則，默燈說得好：

「在某些西方人圈子裏所流行的禪只是適合於精神上的混亂而已。它表現了他們對習俗、倫理，和宗教的一種不可理解的不滿。它象徵了他們在機械所窒息的世界中要恢復自性的迫切需要。但是由於只恢復意識經驗，使西方的禪學帶有道德放任的色彩，而忽略了中國和日本禪宗那種嚴格的訓練和嚴肅的傳統。莊子的思想也是如此。他易被今天一般人誤作放誕不羈，其實莊子早就強調不要勸別人去做他們自己所不知的事情。我們要了解莊子對儒家的批評是懷疑的，也是很實際的。莊子的哲學在本質上，是宗教的、玄祕的，是追求一種絕對圓滿的境界。」

筆者撰寫本書的目的，就是希望描繪出禪的真面目。本書之所以只寫唐代的大禪師，乃是因為由於他們的真知徹悟，和特出的個性才創造了禪宗。

在六祖慧能手中，才形成了中國的禪宗，自他以後的大禪師像南嶽懷讓、青原行思、馬祖道一、石頭希遷、百丈懷海、南泉普願、趙州從稔、藥山惟儼，和黃檗希運等都把禪宗發展到成熟的階段，而演化為禪宗的五家。其實這五家都是源流共沐的。雖然有他們各自的宗風，但都來自於慧能，而植根於老莊。

溈仰宗強調機和用，信位和人位，及文字和精神之間的差別。溈山在得意忘言這一點上是和莊子完全相同的。

曹洞宗以自忘來完成自我的實現。

臨濟宗認為無位真人就是真實的自我。

雲門宗一面逍遙於無極，一面又回返人間。

法眼宗完全奠基於莊子的「天地與我並生，萬物與我為一」。

禪宗可以說是道家結合了佛家的悟力和救世的熱情所得的結晶。假如佛學是父親，道家是母親，那麼禪宗這個寧馨兒不可否認的，是比較像他的母親了。

第二章　壁觀婆羅門——達摩

我們都知道，禪宗的真正開創者是慧能，但在當時已有達摩及其後繼者的傳說。由於前人對達摩的記載紛紜不一，因此今天我們已無法知道他究竟是誰、究竟在什麼時候來到中國。有人說他是波斯的和尚，在西元四八〇年來到中國，也有人說他是屬於南印度的婆羅門族，在西元五二七年來到中國，死於五三六年。在本書中，我們無須去為這種說法辯證，不過後一種說法在慧能當時已流行，而且確認達摩曾見過梁武帝。究竟這種傳說含有多少史實，雖不可知，但卻為唐代的禪師們所公認，把它當作活的傳統。

依據這個傳統，達摩於西元五二七年到了中國南方，便受梁武帝之邀到首都南京，這位信佛虔誠的皇帝便問：

「自我登位以來，建了不少廟，印了不少經，供養了不少和尚，是否有很大的功德？」

達摩回答說：

「沒有。」

梁武帝奇怪的問：「為什麼沒有呢？」

達摩回答說：

「因為你所做的只是一點世俗的小果報而已，談不上真功德。」

梁武帝又問：

「那麼，什麼才是真功德呢？」

達摩回答說：「真功德是最圓融純淨的智慧，它的本體是空寂的，你不可能用世俗的方法去得到它。」

梁武帝又問：「那麼，什麼才是聖智呢？」

達摩回答說：

「廓然無聖。」

梁武帝不禁詫異的問：

「既然無聖，那麼，你是誰？」

達摩回答說：

「不認識。」

達摩發現梁武帝和他沒有緣分，便渡過長江，到了河南的嵩山，住在少林寺中，據說他整天的面壁而坐，有人便稱他為壁觀婆羅門。

關於「壁觀」兩字，有人就字面上解釋，也有人就精神上了解，例如鈴木大拙認為，「壁」的意思是精神集中，屏息諸緣。他把壁觀解作《金剛經》中所謂的覺觀，這是指一種開悟的境界。以筆者的看法，這個「壁」字，是指我們突然面臨著一片懸崖絕壁、無法以普通方法攀援而過。這使我想起了顏回向孔子問學，到最後耗盡了心智，好像突然面臨著絕壁時，不禁歎著說：

「既竭吾才，如有所立卓爾，雖欲從之，末由也已。」

在這裏，我們無須去辯證「壁觀」究竟應從字面上來解，或精神上來看，也許兩者都兼而有之。

最值得注意的是，達摩並不反對讀經，而且還熱心的以那部充滿了玄味、極為煩瑣的《楞伽經》教人。事實上，他是印度人，脫不了印度教的傳統、所以他之被認為婆羅門教徒，也是不無原因的。

達摩留下的唯一著作是一篇關於入道二法門的散文，即使這篇文字和後代禪師的風格大有不同，但值得重視的是，它至少可以作為後代禪宗發展的背景。

入道的法門很多，達摩把它們歸納為二途，就是「理入」和「行入」。

所謂理入就是由教理以入道，相信有生之物都具有共同的真性，只是被外物所障蔽，未能發揮出來罷了，因此我們要捨偽歸真，專心於壁觀，達到物我雙忘，凡聖等一的境界，這樣才能寂然無為，與道相合。

所謂行入有四種，就是：

1. **報怨行：**

求道時如果遭遇困苦，應想到這是前世造的孽，現在雖然已不作惡，但卻仍須承受以前的報應。能夠體念到這一層，便不會怨天尤人，而能逢苦不憂，化怨憤以入道。

2. **隨緣行：**

我們應知道世界本無我，一切苦樂都是外緣，榮辱禍福，都是前世的孽，現在雖有，但緣盡了又歸於無，因此得之不喜，失之不憂，一切都隨緣而行。

3. **無所求行：**

世人常常執迷不悟，貪求無厭。而修道的人卻不然，他們能夠處心於無為，順天安命。深知生活在這個世界中，苦海無邊，正像熱鍋上的螞蟻，無處可安。真是所謂「有求皆苦，無求乃樂」。

4.稱法行：

佛法就是純粹的至理。這個至理光明純潔，不受污染，不分彼此。正如經中所謂：「法無眾生，離眾生垢故：法無有我，離我垢故。」有智慧的人懂得這個道理，便應該一切循道而行。

以上所論在宗教的文學中，無異是一顆光芒四射的珠寶。它顯示了作者在佛教和印度教的作家中，是位傑出的人才。他的「二入」，和基督教中所謂的「冥想之路」，和「實踐之路」甚為相似。這個生死和孽的觀念在佛教和印度教中，都是屬於信仰的範圍。但在那篇文字裏，這兩個觀念也都沒有脫離理性的思考。達摩「行入」的重要，並不是在於它是實踐的，或入世的，而是在於它把理和法看成一體，合為一條方法。這種把抽象和具體打成一片的精神，也許是中國思想帶給達摩的。

但儘管這篇文字頗為深刻，卻不是後代禪宗的特色，因為在該文中，沒有頓悟、棒喝、公案，和那些幽默的言辭，及美麗的構想。

假如達摩和後代的禪宗之間有任何關係的話，那可能是他運用反問法

（即逆喻法）來開導學生，例如二祖慧可有一次問達摩：

「我的心不安，請師父替我安心？」

達摩反問說：

「請把心拿來，我替你安。」

過了好一會，慧可回答說：

「我已尋了很久，可是找不出心來。」

達摩回答說：

「好，我已把你的心安好了。」

這是中國禪宗的第一次傳燈，達摩便成了中國禪宗的第一祖。他所運用的方法，是反問法的典型例子，也是整個禪宗傳統的一大特色。達摩，像後代的所有禪師一樣，並不否定心的存在，但慧可拚命的要去尋，去安的心，並不是真心，而是一種幻影。真心是常安的，是思想的主體。一當我們想到它，或要把握它時，便不是主體，而是客體，當然也就不再是真心了。達摩告訴慧可：他的心已安，只是指示他真心是常安的，無須再去安了。達摩要慧可拿心來，只是要他自己發現他所謂的心是虛幻的。這樣一來，由於祖師這種出人意料的話，喚起了學生的直觀，使他體悟到自己的真心。

在西元五三六年的某一天，他感覺自己應該離去了，於是便召集學生，要他們發表悟境。有一次名叫道副的學生說：

「依我的看法，我們應該不執著文字，也不捨棄文字，要把文字當作一種求道的工具來運用。」

達摩聽了後便說：

「你只得到我的皮。」

有一位尼姑說：

「依我所了解的，就像慶喜看到了阿閦佛國，一見便不再見。」

達摩回答說：

「你只得到我的肉。」

另有一位名叫道育的學生說：

「地水火風等四大本來是空的，眼耳鼻舌身等五蘊也非實有，依我所見，整個世界沒有一法存在。」

達摩回答說：

「你只得到我的骨。」

最後，慧可行了一個禮，仍然站在那裏不動。達摩便對慧可說：

「你已得到了我的髓。」

於是，慧可便成為禪宗的二祖。這一幕傳法的故事，可說是替老子的：

「知者不言，言者不知。」作了一個動人的註腳。

現在，我們已無法確知達摩的這些傳說，究竟有多少是中國人編造的，有多少是來自印度的，不過可以斷言的是，兩者兼而有之。不容否認的，後代禪師是受到達摩精神的鼓舞，同樣的，達摩在中國期間，也受到中國思想的影響。譬如前面那段他對學生修道進度的品評，令人想起了孟子書中的一段話：

「昔者竊聞之，子夏、子游、子張，皆有聖人之一體，冉牛、閔子、顏淵，則具體而微。」

在慧可得到衣鉢後，某次，有位年過四十的居士來對他說：

「弟子患了很重的風濕病，請師父替我懺罪。」

慧可回答說：

「你把罪拿來，我替你懺。」

那位居士想了一會說：

「我找了半天，卻找不到罪。」

於是慧可便說：

「好，我已替你懺完了罪。」

這位居士聽了後，大悟，便出家做和尚，改名為僧璨，就是禪宗的三祖。

僧璨有一篇非常著名的散文叫做信心銘，是用道家的智慧來解釋佛理，其中最精彩的幾段是：

「至道無難，惟嫌揀擇，但莫憎愛，洞然明白。」

「莫逐有緣，勿住空忍，一種平懷，泯然自盡。」

「止動歸止，止更彌動，惟滯兩邊，寧知一種。」

「境由能境，能由境能，欲知兩段，原是一空。」

不過僧璨的教人方法仍然未脫前人的窠臼。有一天，一位年輕和尚向他禮拜說：

「請師父慈悲，教我解脫法門。」

僧璨反問：

「是誰縛了你？」

那位和尚回答：

「沒有人縛了我。」

僧璨便說：

「那麼，你為什麼還要求解脫法門呢？」

這位和尚言下大悟，他就是禪宗的四祖道信。

由道信，傳五祖弘忍，再傳六祖慧能，便展開了生氣蓬勃的中國禪宗。

第三章　中國禪的祖師——慧能

天才是不世出的，慧能便是這樣一位天才。他和老子、孔子、孟子、莊子都是同一流的偉人。他的思想言行被學生們編成了《法寶壇經》一書。這是中國和尚所寫最偉大的佛學著作。在整部《大藏經》裏，中國的作品被尊奉為「經」的，也只有這本《壇經》了。不僅如此，尤其它在諸經中的地位，是可以和《金剛經》、《法華經》、《維摩詰經》並駕齊驅的。

《壇經》並不是一本絞盡腦汁的學究之作，而是出自於一位真人的肺腑之言。其中的一字一句，都像活泉中所噴出的泉水一樣，凡是嘗過的人，都會立刻感覺到它的清新入骨，都會衷心的體驗到它是從佛性中流出的。只有佛才能認識佛，也只有佛才能知道自己心中有佛性，知道一切眾生心中都有佛性。

慧能俗姓盧，生於西元六三八年，是廣東嶺南人。他的身世，正像孔孟兩位夫子一樣，從小便失去了父親，由母親把他一手帶大。後來因為家境清苦，他們便遷居南海縣，賣柴為生，所以他在幼年時，根本沒有機會讀書寫字。

某次，有位顧客向他買柴，當他賣完柴，走出店門時，突然聽到門外有人唸經，那經句深深的打動了他的心，於是他便問那人唸的是什麼經，是從哪裏得到的？那人告訴他唸的是《金剛經》，是從河北黃梅山的五祖弘忍那裏學到的。這時正好有位陌生人，送給他十兩銀子作為他母親的生活費用，並勸他專心的去黃梅，參拜五祖。

慧能辭別了母親，走了三十多天，才到了黃梅，便立刻去參見弘忍，弘忍問他：

「你是哪裏人，到這裏來做什麼？」

他回答：

「弟子是嶺南新州人，此來拜你為師，是為了要成佛，別無其他目的。」

弘忍為他的質樸無邪所感動，但他畢竟是位非常機警的老師，故意用諷刺的話考驗慧能說：

「你從新州來，是南蠻之人，如何能成佛？」

這話引起了慧能尖銳的反擊說：

「人雖有南北之分，而佛性豈有南北之別，我的形體雖與你不同，但我們的佛性又有什麼差別呢？」

弘忍已發現慧能是可造之材，本想和他多談一會，可是看到許多徒弟們圍在慧能旁邊，臉露不屑之色，因此便不多說，只吩咐慧能去做粗工。但慧能卻沒有敏感到弘忍的別有用心，又問：

「報告師父，弟子自心常生智慧，不要離開自心，便是福田，請問你要我做什麼呢？」

弘忍只得打斷他的話說：

「這個南蠻，根性倒也敏利，不必說了。」接著便派他到後院去做碓米的工作。

慧能在黃梅一晃就過了八個月。有一天，弘忍去看慧能便問他說：

「我知道你頗有見地，但深怕別人妒嫉，加害於你，所以沒有明言，你知道嗎？」

慧能回答說：

「弟子知道師父的意思，因此始終不敢到堂前參見吾師，深怕別人懷疑。」

後來又有一次，弘忍覺得傳法的時機已到，便召集學生們訓話說：

「我要告訴你們，生死是件大事，你們整天只求幸福，而不去想想如何脫離生死的苦海。這樣你們的自性早已迷失，即使得到幸福，又有何用？你們應從自己的心中去發智慧。再把所證悟的寫成偈子，給我看看，如果誰真的已經悟道，我便把衣鉢傳給他，做禪宗的六祖。你們快去寫偈子，不要拖延。猶疑和思考便是心無所悟，如果真能見性的人，當下便能見性，即使置身車輪刀斧之下，也能見性。」

大家聽了弘忍的吩咐，回去後，便互相討論說：

「我們無須絞盡腦汁去作偈，神秀上座現在已是我們的講師，一定是他得到衣鉢。我們即使作了偈子，也只是浪費心血而已。」

於是大家便不作偈，只是準備以後跟隨神秀。

至於神秀呢？他畢竟是一位深思的，而且非常虔誠和謙虛的人，他心裏想：「學生們都不會作偈，因此我必須作偈，否則師父便不知我的見解如何。但我作偈的話，如果為了求法，當然用意很好；如果是為了想做祖師，那便與俗人爭奪虛名沒有什麼差別，唉！真是為難極了。」

這番話的確說得合情合理。當我們想到這是在《壇經》中由慧能轉述時，便會確信日後禪宗有南北之間的衝突，決不是慧能和神秀兩人的責任。

現在我們看看神秀寫在牆上的那首偈子：

「身是菩提樹，心如明鏡臺；
朝朝勤拂拭，莫使惹塵埃。」

當弘忍看到了這首偈子，知道是神秀寫的，不禁大為失望。但在神秀學生的面前，為了顧全神秀的尊嚴，便說這首偈子值得大家誦持，如能照著修行，便不致於墮入邪道。當天晚上三更時分，弘忍便單獨把神秀叫進房說：

「你那首偈子並沒有見性，還只是到了門檻，未能登堂入室。一般人依照這首偈子去修行，雖不致於墮入邪道，但決不能得到最高的智慧。要想得到最高的智慧，必須當下認清自己的本心，看清自己的本性，知道它是不生不死的。如果你的每個念頭都能明心見性，那麼世界上便沒有任何東西會阻礙你。你的存在是真實的，萬物的存在也是真實的。你將會發現萬象的變幻無常，都是法爾如此，都是真性實相。能夠有這種見地，就是最高的菩提自性了。」

於是弘忍便叫神秀再寫一首，可是神秀的心情一直不寧，想了好幾天，總是寫不出。

正在神秀苦思不出的當時，有一個小和尚口中唸著神秀的偈子，經過慧能碓米的地方，慧能一聽到這首偈子，知道作者尚未悟道，便問那個小和尚是誰寫的，小和尚大叫道：

「你真是個南蠻，連這個都不知道！」

然後便把經過一五一十的告訴了慧能。慧能要求說：

「老兄，我在這裏碓米已有八個月，未曾到過堂前，請你帶我去看看那首偈子好嗎？」

於是他們便到了寫偈的地方，慧能又請求說：

「我這個粗人不識字，請你唸給我聽聽。」

這時正好江州的一位通判官，名叫張日用的，也在場，他便高聲的唸給慧能聽，慧能聽了就對張日用說：

「我也有一首偈子，請你替我寫在牆上，好嗎？」

張日用奇怪的說：

「什麼，你也會作偈子，真是怪事！」

慧能便正色的說：

「要學最高的菩提之道，可別輕視那些初學的人，有時，極下等的人，有最高的智慧；而極上等的人，卻毫無見識可言。」

這幾句話把張日用說得服服貼貼，便替慧能在牆上寫出了那首偈子：

「菩提本無樹，
明鏡亦非臺；
本來無一物，
何處惹塵埃。」

圍觀的和尚們看到了這首偈子，都大為驚訝，交頭接耳的說：「不能以貌取人啊，這樣一個活菩薩，我們居然要他做粗工呢！」弘忍看到大家的驚異之色，深怕有人妒害慧能，便用鞋把偈子擦掉說：

「這首偈子也沒有悟道。」

於是圍觀的和尚們便一哄而散。

第二天，弘忍悄悄的溜到碓米的地方，看到慧能腰上縛了一塊大石頭，正在碓米，便自言自語的說：「求道的人，該這樣忘形的工作吧！」接著便問慧能：

「米熟了嗎？」

慧能回答說：

「早已熟了，只是等著人來篩呢！」

弘忍不說話，用杖敲碓三下便走。這是暗示慧能於當晚三更去見他。慧能果然應約。於是師徒兩人對面而坐，弘忍便為他講解《金剛經》，當他講到「應無所住而生其心」時，慧能突然大悟，才了解宇宙萬物都不離自性，便對弘忍說：

「我何必去思考，自性本來是清淨的！我何必去攀援，自性本來是沒有生滅的；我何必去追求，自性本來是一切具足的？我何必去猶疑，自性本來是沒有動搖的？我何必去貪戀，自性本來就能產生萬法。」

弘忍聽了這話，知道慧能真已悟道，便說：

「如果不能認清自心，向外求法是毫無益處的，相反的，如果能明自心，見自性，那便是大丈夫，便可為天人之師，也就是一個真正的佛。」

也就在這個深夜，弘忍把衣鉢及頓教的法門傳給了慧能，並叮囑他說：現在你已是禪宗的六祖了，希望你好自為之，要承先啟後，傳法救人。請聽我的偈子：

「有情來下種，
因地果還生；
無情亦無種，
無性亦無生。」

這次傳法是在西元六六一年，當時慧能只有二十三歲，還是個俗人。弘忍居然能把大法傳給這樣一位未曾受過禪學，甚至也未接受過最基本佛理訓練的南蠻，的確是具有超人的勇氣。事實上，他不僅具有超人的勇氣，而且具有超人的機警。他深知慧能已經徹底悟道，不是其他的弟子所能企及。因此他極度祕密的送慧能南行，並囑慧能暫時隱蔽起來，不要急於公開說法。同時他又鑑於衣鉢傳法常起爭執，所以告訴慧能禪宗應以心傳心，衣鉢只是信物，為了避免爭端，以後不要再傳衣鉢。

接著他們便渡過長江，在渡河的時候，弘忍和慧能爭著操槳，弘忍說：

「應該是我來渡你過河！」

慧能卻回答說：

「迷的時候，是師父渡我，悟了以後，是我渡自己。」

弘忍聽了，大為讚賞，便說：

「今後的佛法，將因你而大盛了。」

渡過了江，他們揮手告別，此後不再見面。三年後，弘忍便離開了人世，至於這位新的祖師卻正埋名隱姓潛居在風景如畫的江南。

慧能在江南一隱就隱了十五年，在這十五年中，他究竟做了些什麼，我們無法確知。但可以想見在這段期間，他更加深了悟力，同時為了增進對經典的了解以作將來傳道之用，也很可能讀了不少經書。據他自己說某一個時期曾混在四會地方的獵人隊裏，他常在無形中用佛理去點化獵人，當他被派去守網，總在乘人不注意的時候，把網打開放走野獸，每次吃飯時，他總是把菜放在肉煱邊煮，故意說他喜歡吃肉邊的菜。

這樣埋名隱姓的直到西元六七六年，那時他已是四十不惑之年了。某天，他深感時機已經成熟，應該出來弘法。於是便走到廣州法性寺，那時印宗法師正在該寺講解《涅槃經》。聽眾裏，有兩個和尚看到旗子在風中飀揚，便展開了一場激烈的辯論，一個說是風在動，另一個說是旗在動，慧能忍不住插嘴說：

「不是風動，也不是旗動，而是你們的心動。」

在場的人聽了都大為吃驚。這時引起了印宗法師的注意，便與慧能討論經中的一些奧義。發現慧能的解釋極有見地，毫不咬文嚼字，便說：

「你這位居士，非常了不起。我聽說弘忍的衣鉢已經南傳，莫非你就是他的傳人吧！」

慧能只好點頭認是。

於是印宗法師便請他把衣鉢拿出來讓大家禮拜，並問他說：

「五祖究竟傳給你一些什麼祕密法門？」

他回答說：

「沒有什麼祕密法門，只是向我強調見性的工夫，並沒有談到任何禪定和解脫法門。」

接著又解釋從禪定而得解脫，這是兩截方法，不是真的佛法。因為佛法是不二之法。他指出《涅槃經》中所謂的見性就是不二之法，並引證該經中釋迦牟尼答覆高貴德王菩薩的話說：

「善根有兩種，一種是變的，一種是不變的；但佛性卻是超乎變和不變的。」

依據慧能的看法，佛性是超乎變和不變、善和不善、內容和形式的，所以是不二的法門。

印宗聽了慧能的解釋後，非常佩服，便向慧能行禮說：

「我的講經，膚淺得有如瓦礫；而你的解釋真是寶貴得有如純金。」

接著便替慧能落髮受戒，自己反而拜慧能為師。

在慧能受戒後的第二年，他便到曹溪地方，由許多信眾支持，建立了寶林寺。就在這寺中，他住了三十六年，直到西元七一三年逝世。當地的韶州刺史韋璩也成為他的信徒，而且《法寶壇經》的主要部分便是因韋璩的請求而說法的，至於其他部分也是包括了許多到寶林寺來問道的信徒們的對話。

在西元七〇五年，武則天和中宗曾派內使帶著詔書去請慧能能到京城說法，但慧能卻以老病婉辭了。最有趣的是在這封詔書中寫明慧安和神秀兩位大禪師都一致推舉慧能是弘忍的衣鉢傳人。這說明了慧能在神秀心目中的地位，同時也表現出神秀心胸的開闊，其實慧能對神秀思想的批評也是很謙和的，他們之間唯一的不同是神秀唱漸悟，慧能重頓悟。神秀所強調的戒定慧實本之於《法句經》中的「諸惡莫作，眾善奉行，自淨其心，是諸佛教」。對於神秀來說，這幾句話可以包括佛學的整個精神。所謂「戒」不正是要諸惡莫作嗎？「慧」不正是要眾善奉行嗎？「定」不正是要自淨其心嗎？這也正是神秀漸悟的三個階段。其實慧能並不否定神秀這些理論的價值，他曾對神秀的一位學生志誠說：

「你老師所說的戒定慧是非常深刻的，只是和我所說的有一點差別……他的戒定慧接引大乘人，而我的戒定慧是接引最上乘人。」

對慧能來說，佛法最重要的就是見性，所謂戒定慧只是見性的一種手段而已。以他的看法，我們的精神生命是從自性智慧中泉湧而出，並沒有階段可分。一切都在於「覺」自覺之後，自然便會「諸惡不作，眾善奉行」，唯有這樣，才能享受到不可思議的自由和平靜，才能在自己的心中開發出智慧的活泉。

慧能自認他的法門是為最有智慧的人所開的。我們做人，只求做到救世的「大乘人」，而不再進一步，達到最高智慧的「上乘人」，仍然是有所不足。不過令人奇怪的是在慧能門下，究竟有多少學生是真正所謂的最上乘人。

即使在慧能最親近的弟子中，也只有五個學生是最為獨出的，現在我們簡單的一一介紹如下：

1. **南嶽懷讓**（西元六七七—七四四年）

他是陝西金州人，俗姓杜。十五歲出家時先學律宗，曾潛心於律藏，後來不滿所學，要再求深造；便到嵩山去拜慧安為師。慧安告訴他許多基本的佛理，並介紹他去見慧能。當他到了曹溪，慧能便問：

「你是從哪裏來的？」

他回答：「從嵩山來。」

慧能又問：「來的是什麼東西？是怎麼來的？」

他回答：「說他是東西，就不對了。」

慧能再問：「是否還須加以修證呢？」

他回答：「我不敢說不可以修證，但可以說決不會污染。」

於是慧能便讚美說：

「就是這個不會污染的，乃是佛菩薩要我們留心維護的。你的看法正好和我的相同。」

懷讓便在慧能門下，跟隨問學了十五年。在這段時期，他探微尋幽，極有心得。後來便到了南嶽，大大的宏揚禪學。他的弟子中最有名的就是馬祖道一，在後面我們將會詳細介紹。

2. 青原行思（死於七四〇年）

他是江西吉州人，俗姓劉。身世不明，只知道他從小出家，賦性沉默。在他第一次見慧能時便問：

「我們要怎樣才不至於落入相對的層次中？」

慧能反問說：「你最近做了些什麼工夫？」

他回答：「我連聖諦也沒有修過。」

慧能又問：「那麼你的工夫究竟達到哪一個層次呢？」

他回答：「我連聖諦也不修，還有什麼層次可言。」

慧能被他的見地所深深的感動，認為他是學生中最有成就的一個。後來他被派到吉州青原山去大宏禪法，發揚了慧能的道統。據記載他只有一位傑出的弟子，就是石頭希遷。雖然只有這麼一位，但已經足夠了，正如他自己說：

「眾角雖多，一麟足矣。」

3. 永嘉玄覺（西元六六五—七一三年）

他以證道歌聞名。他是浙江永嘉人，俗姓戴。初學天臺宗，曾潛心於禪觀，在這方面已有特殊的成就。後來由於幾位朋友的激勵，便到慧能處印證所學。初見慧能時，他繞著慧能走了三圈，舉著手中的錫杖，直立在那兒一動也不動。慧能考問他說：

「一個和尚要具有小乘的三千種威儀，和大乘的八萬種戒行，請問你是從哪兒來的，居然如此傲慢無禮。」

他不理慧能的問話，卻說：

「人的生死只在呼吸之間，萬物的變化是很迅速的，我顧不了這麼多。」

慧能又說：

「既然你擔心生死無常，那麼你為什麼不證取不生不滅的大道，去斷除無常迅速的煩惱呢！」

他回答說：

「真正能體認，大道本是無生無滅的，真正能了斷，萬物也本是無遲速可言的。」

他這種把體和用合成一片的見解贏得慧能的連聲讚歎。於是他便按照禮節向慧能行禮，然後就要告辭離去，慧能便說：

「為什麼這樣匆忙的又要回去呢？」

他回答：「我根本就未曾動過，哪裏談得上匆忙！」

慧能又問：「誰知道你未曾動過？」

他回答：「這是你自己產生的分別觀念啊？」

慧能便說：「你已完全懂得無生的意思了。」

他又反駁說：「既然是無生，哪裏還有意思可言呢。」

慧能回答：「如果無生沒有意思，叫人如何能分別它呢？」

他又說：「分別觀念本身是沒有意思的。」

慧能不禁連聲讚歎，並勸玄覺留宿一夜，當時的人便稱他為「一宿覺」。

4.南陽慧忠（西元六七七—七七五年）

雖然我們找不到慧忠何時在慧能門下求道及開悟的記載，但大家都公認他是慧能的五大弟子之一。據我們所知，他在慧能處印證了後，便到南陽的白崖山上渡了四十餘年，從未離山一步。直到西元七六一年，他才被肅宗邀到京城，尊為國師。在某次法會上，肅宗問了很多問題而他卻不看肅宗一眼，肅宗生氣的說：

「我是大唐的天子，你居然不看我一眼？」

他便問說：「君王可曾看到虛空？」

肅宗回答：「看到。」

於是他便說：「那麼請問虛空可曾對你眨過眼。」

這一問，問得肅宗無話可說。

慧忠是一位非常嚴厲的老師，這可以從他對付門人耽源的故事中看出。有一天，慧忠的一位年輕朋友，名叫丹霞的，來找他。這時正好慧忠在小睡，丹霞便問耽源說：

「國師是否在家？」

耽源只是剛學了一點禪理，便賣弄的說：

「在是在的，只是不會客。」

丹霞便說：「啊！你答得太深奧了。」

耽源更故意說：「即使你有佛眼，也看不到他。」

丹霞不禁歎著說：

「真是龍生龍，鳳生鳳。」

後來慧忠醒了，耽源便把丹霞來訪的經過告訴他。哪料慧忠聽後，便打了耽源二十棒，並把他逐出廟門。當丹霞聽到慧忠的作法後，深為佩服說：

「真不愧為南陽國師啊！」

這一則公案對我們學禪來說是非常重要的，因為一個初學禪的人，正像三歲小孩玩刀片一樣，要想用刀片割任何東西，但結果卻割破了自己的手。自從這個痛苦的經驗以後，使耽源變得更為聰明，後來便成為慧忠的承繼者。

5. 荷澤神會（西元六七〇—七五八年）

雖然神會在禪宗的思想傳統上並不重要，但在維護慧能的法統，以及使禪宗通俗化這點上，卻是後無來者。因為由於他的充沛活力和堅苦的奮鬥，才使得提倡頓悟的南禪，壓倒了漸修的北禪。我們在這裏介紹有關他和慧能的一些有趣故事。

神會是湖北襄陽人，俗姓高。在他十三歲那年便去參拜慧能。慧能問：

「你千里跋涉而來，是否帶著你最根本的東西，如果帶來了，那麼你應該知道它的主體是什麼？你說說看。」

神會回答說：

「這個最根本的東西就是無住，它的主體離不了開眼即看。」

慧能不禁讚歎說：

「你這小和尚，詞鋒倒也敏利。」

接著神會又反問說：

「師父坐禪時，是見或是不見。」

慧能便拿棒子敲了神會三下說：

「我打你，是痛或是不痛。」

神會回答說：

「我感覺得又痛，又不痛。」

慧能便說：

「我是見，也是不見。」

神會又反問：

「怎麼是又見，又不見呢？」

慧能便說：

「我見，是因為常見自己的過錯；我不見，是因為我不見他人的是非善惡。所以是見，又是不見。至於你說是痛，又是不痛，如果是不痛的話，那麼你便像木石一樣的沒有知覺；如果是痛的話，那麼你便像俗人一樣會有怨懟之心。我要告訴你，見和不見都是兩邊的執著，痛和不痛都是生滅的現象，你連自性都摸不清楚，居然敢作弄人！」

神會聽了之後，大為慚愧，立刻向慧能行禮、悔謝，以後便成了慧能最虔誠的信徒。

有一天，在一個頗為正式的法會上，慧能向大家說：

「我這裏有一個東西，無頭無尾，無名無字，無背無面，你們是否認識呢？」

神會站出來說：

「它是諸佛的本源，是神會的佛性。」

慧能批評說：

「我已很清楚的告訴你它是無名無字的，你偏要叫它作本源和佛性。將來你即使有點成就，也只是咬文嚼字的知解徒罷了。」

這話果然說對了，神會後來正是如此。

在西元七一三年，慧能宣布自己將不久於人世時，當時在場的，除了法海等人外，在五大弟子中，只有神會一人。他們聽到慧能將要逝世，都放聲大哭，只有神會默然不語，也不哭泣。慧能便說：

「只有神會一人超越了善惡的觀念，達到了毀譽不動、哀樂不生的境界。你們這些人在山上數年，究竟求的是什麼道？我們今天哭泣究竟是為了誰？我很清楚自己究竟要到哪裏去。如果我對自己的死一無所知，我又如何能預先告訴你們。你們之所以哭泣，是因為不知我死後往哪裏去，如果知道了，便不會哭泣。你們要知道，法性是不會生滅去來的。」

第四章　慧能的偉大貢獻——頓悟法門

達摩所傳的道曾被後代的禪師歸納為四句偈，就是：

「教外別傳，不立文字。
直指人心，見性成佛。」

不過值得注意的是，在慧能生前，並沒有這四句偈的流傳。無論如何，用這四句偈去寫達摩的思想，遠不如去寫慧能的思想來得正確。因為達摩以《楞伽經》教人，是屬於楞伽宗。至於這四句偈對慧能來說，也不能過分執著字義，因為慧能重視心的直證，他的見解和悟力正像奔泉一樣，是不受這四條原則所限制的。

我們之所以用這四條原則來看慧能的思想，乃是以此為權宜，去了解他的真精神。不過就這四條原則來說，都是相融相攝，相互為用的，因此在敘述上稍有重複之處，也是無法避免的。

1. 教外別傳：

這句話的意思是說菩提之道，是以心傳心的。經書只是喚起我們自悟的一種方便而已。在讀經之外，還有其他的法門可以使我們開悟。這種開悟完全是一種「如人飲水，冷暖自知」的個人經驗。所有外在的東西都只是自我的一種反應，所有外在的教理都只是自性的一種回響。不要執著於這種反應和回響，唯有能見到自性，才知道什麼是真我。

無論如何高明的禪師，也無法把他自己的悟力塞入對方的心中。他最多只能像接生婆一樣在適當的時機，幫助孕婦去生她自己的孩子。最好的例子就是慧能在得到衣鉢後，第一次接引學生的一段故事：

當慧能逃出了黃梅，被一位叫陳惠明的和尚趕到的時候，陳惠明說他自己此來不是為了衣鉢，而是為了求法，因此懇請慧能接引，於是慧能便說：

「既然你是為了求法而來，那麼希望你先拋棄一切外緣，斷絕一切思念，我便為你說法。」

過了一會，慧能接著說：

「你不要想到善，也不要想到惡，就在這個時候，請問什麼是你的本來面目。」

聽了這話，惠明立刻大悟。接著又要求慧能再告訴他一些祕密的意思，慧能便說：

「我能告訴你的，就不是祕密的意思了。如果你能反照自己，祕密的意思就在你的心中。」

惠明聽了，非常感激的說：

「我在弘忍門下很久，都不知道自己的本來面目，現在，謝謝你的指點，使我感覺得『如人飲水，冷暖自知』，一切都明白了。」

精神方面的智慧，不像一般的知識可以由智力去傳授；它是必須用你整個的身心去經驗、去實踐。

慧能的態度並不是叫人不讀經，事實上他最初的悟道是由於聽別人唸《金剛經》而引起的。雖然他本不識字，但他對於經文有很豐富的知識，他說法時，除了引述《金剛經》，及《法華經》外，還可以隨心所欲的旁徵《涅槃》、《維摩詰》、《楞伽》、《阿彌陀》，及《菩薩戒》等經中的文字。顯然的，他對於經書的態度，不像註疏家一樣的咬文嚼字，而是以聖人的心去識其大體。在他的手中，經書變成了促使心靈解脫的活工具，正是他所謂的：

「心迷法華轉，心悟轉法華。」

在慧能眼中，所有的書都是從自心的活泉中流出的溪水。

宋代的理學家陸象山曾說：

「學苟知本，六經皆我註腳。」

顯然他是受到了禪宗的影響。

2. 不立文字：

這句話裏的「立」字是指建立起一種法式。整句的意思是說我們不應執著於經中的文字，也不應認為別人依照我們的話便可得到解脫，譬如當慧能談到「自性真空」時，深怕別人執著空，便趕緊說：

「各位聽我說到這個空字可別執著於空，最重要的就是不要執著於空。如果靜坐時使自己的心完全空掉了，那便是一種槁木死灰的頑空。」

事實上，真空就是無限的真實，萬法都在人的心中。

接著他說：

「執著於空的人，常常誹謗經書，主張拋棄一切文字，如果真的拋棄文字，那麼他連說『不立文字』的話也應該拋棄，因為這句話也著了文字之相。」

慧能反對過分執著於「不立文字」，他又說：

「這個不立兩字，也是一種文字，如果看到別人運用文字，便貿然的加以批評，這種人不僅是自己迷惑了，而且還犯了惡意誹謗經書之罪。」

可見「不立文字」的真正用意是不執著於文字，並不是完全否認文字在求道上的方便功用，當然最重要的還是見性，正是所謂：

「能夠見性的人，不論立文字也好，不立文字也好，他本身永遠是來去自由，無滯無礙的。應用的時候，立刻可以運用，對答的時候，立刻可以回答。儘管他與物周旋，而不離自性。達到了逍遙自由的定境，這就是所謂的見性。」

3. 直指人心：

「心」是一個不易把握的字，當我們一談到心時，便會感覺得很混淆，但這個心卻是禪的關鍵。不了解禪宗所謂的心，就不會了解什麼是禪。因為雖然禪的最高目標是見性成佛，但必須由這個心去見性，所以我們必須先來看看這個心。

在《壇經》的開宗明義第一章中，敘述慧能在大梵寺講法，一開頭便說：

「菩提就是自性，這個自性本來清淨，我們只要把握這個心，便可立刻成佛。」

慧能以為自性像國王，這個心像國王和臣子，也就是說自性是心的本體，心是自性的作用。在我們這個內在的王國裏面，國王是絕對的至善，只可惜臣子有時未必忠實。如果臣子能依照本分去做，那麼整個王國便會享受到和平之樂。相反的，臣子如果叛逆，那麼整個王國便將破裂。心的力量是非常的大。由於心，我們才能實現自我，也由於心，我們也許會步入了地獄。沒有心的話，便沒有善和惡，捨和執，迷和悟，菩提和煩惱。

慧能不僅談到淨心、善心、平心、直心、道心，或菩提心，而且也談到不淨心、不善心、邪見心、煩惱心，或誑妄心。這並不是說心有多種。其實心只有一個，只是因為它不是靜的整體，而是動的歷程，像水一樣，有時純淨，有時混濁，有時平穩，有時急湍。心的悟力是常流的，而不停於一處，這就是慧能哲學的關鍵。我們都知道他初聽到《金剛經》中「應無所住而生其心」便悟道，他的整個「心學」，便是從這一悟中開展出來的。

在這裏必須強調的是：我們所想的心，並不是真心，理由很簡單，真心是去想的，而不是被想的，因為心是主體，而不是客體。一當我們把它當作研究的對象時，它便變成一種概念，或抽象的觀念。因此當我們談到心時，並不是直指人心，而是指那個去指心的概念。只要我們明瞭到這一層，便不會把靜的、概念的現象當作真實。假如我們把心的概念當作真實，便是執著於文字，而被自己的思想所作繭自縛。這也就是慧能和他的門人之所以不厭其煩的要強調無念和無心的重要了。

慧能所謂無念，是指我們的心不染著於物，但這並不是要我們斷絕一切思想，因為那樣又會落入「無」的窠臼。道是使我們能逍遙自在的，可是偏執的心，卻使外界的一切變成了我們的桎梏。

在慧能當時，這種見解是非常新穎的，我們可以從他和臥輪禪師的偈子中看出。臥輪有一首偈子是：

「臥輪有伎倆，能斷百思想。
對境心不起，菩提日日長。」

某天，有位和尚向慧能提起這首偈子，認為寫得非常好，但慧能卻認為作者沒有悟道，無端的替自己平添了許多桎梏，因此他也和了一首說：

「慧能沒伎倆，不斷百思想。
對境心數起，菩提作麼長。」

慧能的無念和老子的無為相似，老子說「無為而無不為」，同樣，慧能也強調無念而無不念。這個純淨不染的心，是來去自由，毫無障礙的。

在慧能的眼中，坐禪的目的也是為了求心的自由。當他聽到神秀教學生要「住心觀靜，長坐不臥」時，便認為「住心觀靜」是一種病態，而不是禪道：「長坐不臥」是一種壓制肉體的苦修，對於精神並無益處，因此他作了一首偈子說：

「生來坐不臥，死去臥不坐。
元是臭骨頭，何為立功課。」

他對坐禪的態度，正像對文字的態度一樣，只是反對其被誤執而已。他一再的提醒學生要明心見性，直了成佛。其他一切都是導致開悟的一種方便。人生的最大悲劇是只執著於方法，而忘了目的。

慧能是宣揚「無住」的大師，對他來說，出家在家都沒有什麼分別，只看你是否執著外在的一切。他說：

「執著外在的一切，便像水的波浪一樣，有生滅的現象，這就是痛苦的此岸；相反的，不執著於外在的一切，就像水的平穩自由的流動一樣，沒有生滅的現象，這就是幸福的彼岸。」

慧能像其他佛家一樣，認為我們的心不僅要捨惡，而且應離善，這種超越善惡的思想可以證之於老子的：

「上德不德，是以有德，下德不失德，是以無德。」

然而問題是當我們不執著於物，甚至連善也不執著時，是否我們真能捨執，或者是否需要連這捨執的觀念也要捨棄呢？慧能對於這問題的答案，有一段極精彩的文字說：

「我們的心即使不執著於善惡，但也不可沉入於空寂，應該廣學多聞，才能認識自己的本心；了解佛所說的道理。我們更應與世俗和諧相處，不囿於人我的差別觀念，唯有這樣，才能直達菩提，真心不動。」

4. 見性成佛：

在慧能的眼中，見性就是成佛。他曾說：

「本性是佛，離性無別佛。」

「自性能含萬法是大，萬法在諸人性中。」

「三世諸佛，十二部經，在人性中本自具有。」

在中國思想史上，慧能有關人性的見解，可以本之於孟子的：

「萬物皆備於我矣！反身而誠，樂莫大焉。」

慧能正像孟子一樣，認為我們的性和真實合一，即是他所說：

「一真一切真。」

在慧能眼中，菩提就是悟，佛就是悟者，正如他所說的：

「我心自有佛，自佛是真佛。」

傳統佛學都歸依佛、法、僧的三寶，但慧能卻歸依覺、正、淨的三寶。這種解釋是一個多麼激烈的革命啊！他描寫自性三寶的作用說：

「內調心性，外敬他人，是自歸依也。」

他在這裏所謂的內外，只是就自性作用的效果而言。其實自性本是絕對的，是超越時空，超越了一切言語所能表達的屬性。人類的言語只是屬於現象的世界，只是應用於相對的事物，而絕對是超越了這一切。當一個神祕家要表達他自己的時候，他所用的言語就像荒漠上很多飢渴的盲獅，到處亂跑去尋求泉水。慧能之所以認為迷和悟、煩惱和菩提之間沒有差別，以及強調自性是超越了善和惡，也就是為了打破語言的分別障。他回答中宗的內侍薛簡所問如何是大乘見解便說：

「在一般俗人的眼光中，明和暗是兩種不同的現象，可是有智慧的人卻了解它們的本性是沒有差別，這個沒有差別的本性，就是實性。所謂實性，就是不因凡愚之人而減少，不因聖賢之人而增多，在煩惱之中而不亂，達禪定之境而不空。它不是斷滅的，也不是變的，它是不來也不去的，它不在內，不在外，也不在中間，它沒有生滅的現象，是本性自然如此，而沒有絲毫變遷，這就叫做道。」

假如我說慧能這段話和莊子的說法相同，倒並不是因為他湊巧的提出了這個「道」字。事實上，他是融孟子、莊子的思想於一爐。

慧能的哲學在超越方面似老莊，在重視人生方面似孔孟。他認為一切經書都為人而立，並強調自性有般若之智。他說：

「若無世人，一切萬法本自不有。」

因此他以人的自性和自心來解釋佛理，他有關三身的見解正和他的自性三寶一樣的具有革命性，他用自性來說明三身。我們的身體就是如來法身，我們的自性根本是清淨的，一切法都是由自性而生，這即是所謂「清淨法身佛」。當我們的感情慾望被自性所生的般若之光所掃淨後，我們的自性像無雲的青天中所懸掛的一輪明日，光芒萬丈，這即是所謂的「圓滿報身佛」。至於我們信仰自心的力量勝於一切的化身佛，我們了解只有自己的思想才能塑造自己。如果此心想惡的話，便入地獄，想善的話，便進天堂。有毒害之心，便變為龍蛇；有慈悲之心，便變為菩薩。因此我們如果執迷不悟，念念起惡，便永遠無法得道，相反的，只要一念向善，便生智慧，這即是所謂的「自性化身佛」。

在慧能的手中，使佛理變得更加的深刻化和普遍化。他打破了僧和俗，聖和凡，佛家和其他各派思想之間的樊籬。譬如任何一位儒家對他下面的這首偈子，都該是毫無異議的，這首偈子是：

「心平何勞持戒，行直何用修禪，恩則親養父母，義則上下相憐，讓則尊卑和睦，忍則眾惡無喧。若能鑽木取火，淤泥定生紅蓮，苦口的是良藥，逆耳必是忠言，改過必生智慧，護短心內非賢，日用常行饒益，成道非由施錢，菩提只向心覓，何勞向外求玄，聽說依此修行，天堂只在目前。」

從上面這段話中，可以看出慧能思想體系內是含有濃厚的儒家倫理。同時，由於他的善於辯證，使我們不能否認他和老子之間有著很深厚的關係。老子在《道德經》的第二章中曾寫出了道家的辯證思想，所謂：

「天下皆知美之為美，斯惡已，皆知善之為善，斯不善已，故有無相生，難易相成，長短相較，高下相傾，音聲相和，前後相隨。」

上面所說的觀念都是相對的，老子所謂的聖人就是要超越了這些相對觀念。

同樣的，慧能在《法寶壇經》最後一章中，曾咐囑學生要以三十六對法教人，所謂三十六對，就是明與暗對，陰與陽對，有與無對，色與空對，動與靜對，清與濁對，凡與聖對，僧與俗對，大與小對，長與短對，邪與正對，癡與慧對，煩惱與菩提對，慈與毒對，常與無常對，實與虛對，喜與瞋對，進與退對，生與死對，化身與報身對等等，他說：

「此三十六對法，若解用即道貫一切經法，出入即離兩邊，自性動用，共人言語，外於相離相，內於空離空，若全著相，即長邪見，若全執空，即長無明。」

因此在運用上他說：

「問有將無對，問無將有對；問凡以聖對，問聖以凡對，二道相因，生中道義。」

「設有人問，何名為闇，答云：明是因，暗是緣，明沒則暗，以明顯晦，來去相因，成中道義，餘問悉皆如此。」

這裏所謂的中道就是超越相對的意思，其實也就是自性。在慧能的思想體系裏，中道是絕對的真，它一方面超越了相對，一方面又包括了相對，何穆（Holmes）法官曾認為一個有深度悟力的人，是不必把兩難論法當作一種邏輯的工具，儘可以用自己的靈感去超越兩邊，直探本源，慧能的偉大即在於此。尤其是他巧妙的運用兩難論法而一超直入，把人的精神高揚入絕對的境界。

第五章　踏破天下的神駒——馬祖道一

在中國禪宗史上，自慧能以後，最重要的人物就是馬祖道一了。道一在死後被稱為馬祖，這是學生們對他的尊奉。大家都知道衣鉢到了慧能手中便不再傳下去，這意味著此後不再有祖師了。因此馬祖這一稱呼便應乎普遍的需要而產生。尤其馬祖的「馬」字是道一的俗姓，在佛家的僧侶中以俗姓為稱呼的，可能只有馬祖一人了。

馬祖之所以仍然冠以俗姓，是有一段傳奇的，據說在懷讓悟道後，慧能曾告訴他一個祕密說：

「印度第二十七祖般若多羅曾預言在你的足下將產生一頭年輕力壯的馬，牠將會踏破這個世界。」

這頭馬正好是馬祖的俗姓，而馬祖又是懷讓最獨出的學生，因此很自然的後來的作者都把這個預言和馬祖拉上了關係。假如我們以其影響來論人的話，那麼無可否認的，馬祖的產生真可說是出於天數的了。

馬祖是四川成都人，幼時常到廟中玩，十二歲那年便做了和尚。接著到南嶽，去學坐禪。這時懷讓正是南嶽般若寺的住持，看出馬祖是可造的法器，便去問馬祖：

「請問你學坐禪，是為了什麼？」

馬祖回答：

「要成佛。」

於是懷讓便拿了一塊磚頭在馬祖的庵前磨，馬祖不禁好奇的問：

「請問你磨磚作什麼？」

懷讓回答：

「磨磚作鏡呀！」

馬祖不禁詫異的說：

「磨磚怎麼能作鏡呢？」

懷讓反駁說：

「磨磚既然不能作鏡，那麼你坐禪又豈能成佛？」

馬祖便問：

「那要怎樣才能成佛呢？」

懷讓回答：

「這道理正像牛拉著車子，如果車子不動了，請問你是打車子呢，還是打牛？」

馬祖被問得無話可對。於是懷讓接著說：

「請問你是學坐禪，或是學坐佛？如果學坐禪，但禪並不在於坐臥，如果學坐佛，但佛並沒有一定的狀態。法是無住的，因此我們求法也不應有取捨的執著。你如果學坐佛，就等於扼殺了佛，你如果執著於坐相，便永遠不見大道。」

馬祖聽了這番話後，心中好像飲了醍醐般的舒服極了，便向懷讓禮拜，並問：

「如何用心，才能達到無相三昧的境界。」

懷讓回答：

「你學心地法門，像播種子，而我講解法要，像天降雨露，只要因緣和合，你便可以見道。」

馬祖又問：

「道沒有形色，怎麼能見呢？」

懷讓回答：

「你內在的法眼能見道，因此也能見無相三昧。」

馬祖又問：

「道是否有成壞呢？」

懷讓回答：

「如果以成壞聚散的現象來看道，便不是真的見道。請聽我的偈子：

『心地含諸種，遇澤悉皆萌；
三昧華無相，何壞復何成』。」

到了這時，馬祖才真正的悟道，心意超然。此後便跟隨懷讓整整十年。在這段期間，他深入玄奧。據說懷讓的六位入室弟子中，唯有他得到了心傳。

馬祖離別了懷讓後，便到江西去作方丈。他所說的法都是根據六祖的思想，主張心外無佛。他說：

「知色空故，生即不生，若了此意，乃可隨時著衣吃飯，長養聖胎，任運過時，更有何事。」

這段話中有幾個重點：

首先，所謂「聖胎」兩字，本是從流行的道家學術中借來的，只是馬祖加上了新的內容而已。在道術中，聖胎是指長生不死者的胚胎，但在馬祖手中，卻變成永恆生命的種子，也即是臨濟的無位真人的典型。

其次，這裏強調的日常生活，正和老莊的思想一致，也形成了以後禪師們的一個極為重要而普遍的原則，馬祖和他最親近的學生南泉普願都以「平常心是道」為教義。尤其馬祖的一位學生龐蘊居士說得好：

「日日事無別，惟吾自偶諧，頭頭非取捨，處處沒張乖，朱紫誰為號，邱山絕塵埃，神通並妙用，運水及搬柴。」

馬祖的最偉大處，是在於他接引人的手法和機智，有一次，學生問他說：

「老師為什麼說『即心即佛』？」

馬祖回答：

「這只是為了勸小孩子不要哭罷了。」

學生又問：

「小孩不哭了時，怎麼辦？」

馬祖回答：

「這時我將告訴他『非心非佛』。」

學生再問：

「除了這兩種人外，你又如何接引？」

馬祖回答：

「我將告訴他『不是物』。」

學生最後問：

「假如你突然碰到已經開悟的人來，怎麼辦？」

馬祖回答：

「那很簡單，我只教他從自心中去『體會大道』。」

這段話說出了馬祖教法的一個很重要的祕訣。他有時用肯定法，有時用否定法。在表面上，這兩種方法好像是矛盾的，但當我們了解他是對學識和智慧不同的人說法，他是為了使對方超越現況時，這種矛盾便不成其為矛盾了。當然這兩種方法並不適用於已經開悟的人，對於這種人，馬祖只是要他們繼續體驗現前的悟境而已。

在這裏使我們想起了馬祖和他的學生大梅法常的一段很有趣的故事：

當大梅第一次見馬祖時便問：

「什麼是佛？」

馬祖回答：

「即心即佛。」

大梅言下便悟。後來，他住在山上，馬祖派了一個和尚去考驗他，這和尚問大梅說：

「你在馬祖門下，學到些什麼？」

大梅回答：

「馬祖教我：即心即佛。」

這個和尚又說：

「現在馬祖已改變他的教法而說：非心非佛。」

大梅便說：

「這個老和尚，作弄人家，沒有了期，管他說什麼非心非佛，我只管即心即佛。」

當這個和尚回去把經過情形告訴馬祖後，馬祖便說：

「梅子熟了！」

這裏的梅子就是大梅兩字的雙關語。顯然大梅已經開悟，而且是運用馬祖的肯定法，他知道自己該做什麼，也許他的學生像小兒啼一樣需要哄一哄。總之大梅所表現的特立獨行精神贏得了馬祖的讚許。假如他因馬祖改變了新教法，而信念動搖，盲目的跟從，那麼馬祖將會說「梅子還未熟呢」。

馬祖的教法是變化多端的，據說由他接引而開悟的學生有一百三十多位，而且都能獨樹一方。這些學生並不是同一個模型中造出來的，即使是悟，也有不同的程度和形式。例如馬祖有三位和他最親近的學生。即是南泉普願，西堂智藏，和百丈懷海。某天晚上，他們三人陪馬祖賞月。馬祖便問他們該如何度此良宵，西堂首先回答說：

「正是供奉的好時機。」

接著百丈說：

「正是修持的好時機。」

至於南泉則一語不發，拂袖便去。馬祖說：

「講經要推智藏，論禪要歸懷海，惟有普願卻能超然物外。」

在馬祖的法統中，南泉的地位正像顏回在孔子眼中的地位一樣。至於在傳法上，百丈是馬祖的繼承者，正像孔門中的曾參一樣。也許由於百丈那樣具有堅強的組織力和管理能力，才奠定了僧團的組織基礎。雖然《百丈清規》經幾個世紀的逐漸修正，已失去了原有的面貌，但誰也不能否認百丈把散沙似的群眾納入了僧團組織的這種不朽貢獻。

最有趣的是馬祖訓練百丈的一段故事：

某次，師徒兩人出外散步，看到一群野鴨子飛過去，馬祖問：

「那是什麼？」

百丈回答：

「是野鴨子。」

馬祖又問：

「飛到哪裏去？」

百丈回答：

「飛過去了。」

就在這時，馬祖把百丈的鼻子用力一扭，使得百丈大聲叫痛，馬祖便問：

「你說，難道又飛過去了嗎。」

聽了這話，百丈似有所悟。後來回到宿舍中，卻大聲的哭泣，朋友便問他是否因想家，或受人責罵而哭，他都加以否認。朋友一再的問他究竟為了什麼？他只得說：

「因為我的鼻子被大師扭得非常的痛。」

朋友們問：

「是做錯了什麼事情嗎？」

百丈說：

「你們去問老師吧！」

當他們去問馬祖時，馬祖說：

「他自己知道，你們去問他吧！」

朋友們又回去問他，他卻呵呵大笑，朋友們又好笑又奇怪的問：

「你以前哭，現在為什麼又要笑呢？」

百丈回答說：

「我就是以前哭，現在笑。」

大家都被他弄得不知所以。第二天，集會時，馬祖剛上座，百丈便捲起坐塾要去，馬祖就下座回去，百丈也跟著去，馬祖便問：

「剛才我正要說法，你為什麼就走呢？」

百丈回答：

「因為昨天我的鼻子被你扭得痛極了。」

馬祖又問：

「昨天你的心想到些什麼？」

百丈回答：

「今天我的鼻子已不痛了。」

於是馬祖便說：

「你已完全了解昨天之事了。」

筆者不敢說自己完全了解這段對話。百丈的回答有點近乎瘋狂，可是令人驚奇的是馬祖卻加以讚許，也許只有瘋子才能了解和欣賞瘋子的行為。但事實上，這兩人又都不是瘋子，可見他們的作法一定有深意存在，雖然不能用邏輯的推理去了解，但卻可以用直觀的方法去推敲。

筆者以為這個公案的線索在於百丈對朋友們神祕的說「我以前哭，現在笑」。雖然他們的感覺和行動已經改變，但本體卻永遠不動。馬祖接引學生的方法就是要他們去發現自我。當百丈說他昨天痛，今天不痛時，馬祖知道他已尋到了自我，百丈的這種回答比任何用邏輯方法來解說更為真切。

「發現自我」，是馬祖教人的目標，也是整個禪的主旨。這點我們可以從馬祖和他的另一位高足大珠慧海的故事中看出。當大珠第一次見馬祖時，馬祖問他：

「你從哪裏來？」

大珠回答：

「從越州大雲寺來。」

馬祖又問：

「來這裏作什麼？」

大珠回答：

「來求佛法。」

馬祖便說：

「我這裏一點東西都沒有，還有什麼佛法可求，你自己有寶藏不顧，離家亂走作什麼？」

大珠便問：

「什麼是我的寶藏呢？」

馬祖又說：

「現在問我的，就是你自己的寶藏，這個寶藏一切具足，沒有欠缺，運用起來非常自在，何必要向外追求。」

聽了這話，大珠不用思考和推理，便立刻洞見自性。

另外，汾州無業也是以同樣的方法悟道的。無業本來專研律宗，深通經藏。在他第一次見馬祖時，馬祖看到他那偉岸的身材，響亮的音調，便說：

「外形巍巍堂堂，裏面卻沒有佛。」

無業很恭敬的跪下來說：

「我粗研三乘之學，稍有心得，可是對於禪宗的即心是佛之說卻始終不能了解。」

馬祖說：

「這個不能了解的心就是佛，並沒有其他的了。」

無業仍然未悟而問：

「這樣說來，那什麼是祖師西來所傳的祕密法印呢？」

馬祖又說：

「你這位大德現在正糊塗得很，且先回去，等下再來。」

無業正要離開時，馬祖便在他背後喊著：

「大德。」

無業轉過頭來，馬祖便問：

「是什麼？」

聽了這問話，無業便立刻大悟。

有時馬祖也用粗暴的方法來加速學生發現自我，有一次，水潦和尚問他說：

「如何是祖師西來意。」（在禪宗的問答裏，問祖師西來意，就等於問佛法大要）

馬祖並沒有回答這問題，而要水潦恭敬的禮拜，等水潦彎下身子時，馬祖卻把他踢倒，奇怪的是，水潦卻因此而大悟，站起來後，反而拍手呵呵大笑的唱著說：

「也大奇，也大奇，百千三昧，無量妙義，只向一毛頭上，一時識得根源去。」

唱完向馬祖行禮而退，後來他作了方丈，常對學生說：

「自從一吃馬祖踢，直至如今笑不休。」

從書中記載，我們可以想見馬祖一定是身體偉梧，精力充沛，據說他是牛步虎視，舌頭長得可以舐到鼻尖。雖然書中沒有說他叫起來像獅吼，但他的聲音一定很大，這可以從百丈最後開悟的故事中看出。當百丈隨侍馬祖的時候，馬祖正看著床角所掛的一個拂塵，百丈便說：

「正在用時，要離開用。」

於是便拿開拂塵，把它豎起來。馬祖便說：

「正在用時，要離開用。」

於是百丈又把拂塵掛回原處。馬祖便振威大喝一聲，震得百丈的耳朵聾了三日，也就由這一喝，使百丈完全的開悟了。

我們可別誤會馬祖是常用嘴「喝」和腳「踢」的。雖然禪師的教法都不能缺少那種使人震驚的元素，但他的教法多半表現得很溫文、很巧妙。

例如有位大官問他是否可以飲酒吃肉，他便幽默的說：

「飲酒吃肉是你的祿分，不飲酒吃肉是你的福氣。」

馬祖運用這種方便法門的巧妙之處，可以從他和石鞏慧藏的談話中看出。石鞏本以打獵為生，最討厭見到和尚。有一次當他趕鹿經過馬祖的庵前時，馬祖迎面和他相碰，石鞏問馬祖是否看到有鹿跑過，馬祖反問：

「你是什麼人？」

石鞏回答：

「打獵的人。」

馬祖又問：

「你知道如何射吧？」

「當然知道。」

「你一箭能射幾個？」

「我一箭能射一個。」

馬祖便說：

「照這樣看來，你實在不懂得射術。」

「那麼你懂得射術嗎？」

「我懂得。」

「你一箭能射幾個？」

「我一箭能射一群。」

石鞏便說：

「彼此都是生命，你又何忍射殺一群。」

馬祖乃說：

「你既然知道這點，為什麼不射自己呢？」

石鞏回答：

「你要我自射，但總是沒有下手處。」

馬祖便說：

「你這人有無數劫的無明煩惱，到今天都完全斷絕了。」

於是石鞏便拋掉弓箭，出家拜馬祖為師。

有一次，石鞏在廚房裡工作，馬祖問他作什麼，他說：

「正在牧牛。」

馬祖問：

「怎樣牧牛？」

石鞏回答：

「當牠走到草地，我立刻便把牠拉了回來。」

這話贏得了馬祖的讚歎說：

「你是真懂牧牛之道了。」

由他們這種愉快和諧的談話中，令人很難想像到他們對於個性的控制和訓練又是如何的無情和猛烈。

馬祖隨時都在鼓舞學生要有大無畏的精神。有一次五臺隱峰推著車子，馬祖正好伸著腳坐在路中，隱峰請求馬祖把腳縮回去，馬祖卻說：

「我只伸不縮。」

隱峰也說：

「我只進不退。」

兩人相持不下，於是隱峰不顧一切，仍然推車向前，結果輾傷了馬祖的腳。馬祖回到法堂後，便拿著一把斧頭說：

「剛才是誰輾傷了我的腳，快站出來。」

隱峰便走到馬祖前面，伸出了脖子。馬祖只好放下了斧頭。

有時馬祖喜歡故意引學生像趕野鴨子似的到處去追逐探索。某次，有一個和尚問：

「離四句，絕百非，請你直指祖師西來意。」

馬祖回答：

「我今天疲倦，不能為你解說，你去問智藏吧！」

這個和尚便去問西堂智藏，西堂反問：

「你為什麼不問老師呢？」

這個和尚回答：

「老師叫我來問你的。」

西堂便說：

「我今天頭痛，不能為你解說。你去問懷海吧！」

這個和尚又去問百丈懷海，百丈回答：

「我到這裏，也不會。」

於是這個和尚便回去向馬祖報告經過，馬祖便說：

「藏頭白，海頭黑。」

這裏所謂白和黑，是指的白帽和黑帽，這本是一個典故，據說有兩個強盜，一個戴白帽，一個戴黑帽，戴黑帽的強盜最後用詭計又搶走了戴白帽強盜所搶來的東西。這是說戴黑帽的比戴白帽的更為無情，更為徹底。同樣，百丈比西堂也更為無情，更為徹底。因為西堂只是推說頭痛，好像是假如他不生病的話，可能會有確切的答案。但百丈的拒絕卻是非常乾脆和坦率的。依百丈的看法，這個問題是超乎肯定和否定，不是言語所能表達的，正如老子所謂的：「道可道，非常道。」

我們在前面曾提到龐蘊，和他的偈子，至於他悟道的故事也是非常有趣的。在他第一次去見石頭希遷時，他問：

「不與萬法作伴的人是誰。」

石頭便用手掩住了他的口，這時他略有省悟。後來又去見馬祖，提出同樣的問題，馬祖便說：

「等你一口吸盡了西江之水，我才告訴你。」

聽了這話，他便立刻大悟。

馬祖和石頭，這兩位大禪師都是對付同一個問題，石頭用手掩住了龐蘊的口，是表示這個問題不能言談。至於馬祖也認為要說出這個超然物外的人是誰，像一口吸盡西江水一樣的不可能。顯然他們兩人都深通老莊思想，龐蘊也是如此。他雖然是屬於馬祖的法統，但也做過石頭的學生。

雖然馬祖和石頭平分了禪家的天下，但他們之間並沒有任何敵對的態度。而且最有趣的是他們常共同的接引學生，如藥山惟儼便是最好的例子。藥山最初學律宗，曾博通經論，持戒甚嚴。後來感覺這不是最後目的，大丈夫應該離法自淨。於是便到石頭那兒要求接引。他對石頭說：

「我對三乘十二分教，已略知皮毛。但對於南方所謂『直指人心，見性成佛』之說，卻始終不了解，懇請師父大發慈悲，為我指點。」

石頭回答說：

「肯定不對，否定也不對，肯定和否定兩者兼有都不對，這時，你怎麼辦？」

藥山惘然不知所措。過了一會，石頭便說：

「你的因緣不在此，還是去馬大師那邊吧！」

聽了石頭的話，他便去參拜馬祖，提出同樣的問題，馬祖回答說：

「我有時教伊揚眉瞬目，有時不教伊揚眉瞬目，有時揚眉瞬目者是伊，有時揚眉瞬目者不是伊，你究竟要怎樣了解伊。」

於是藥山言下契悟，便向馬祖禮拜。馬祖又問：

「你見到了什麼而向我禮拜。」

藥山回答：

「我在石頭處，正像蚊子釘鐵牛。」

這也就是說不得其門而入。馬祖知道他已經開悟，便叫他好好的保持住這種悟力。

藥山在馬祖處隨侍了三年，有一天馬祖問他：

「近日你有什麼心得？」

他回答：

「皮膚脫落盡，惟有一真實。」

馬祖說：

「你的見解完全深契於心，布於四肢。因此，你可以到任何山上去住了。」

藥山說：

「我是何人，豈敢住山作方丈。」

馬祖便說：

「沒有永遠的行而不住，也沒有永遠的住而不行。如果要求益於無所益，為於無所為。你便應該像慈航一樣，到處渡人，不要永遠的住在此地。」

於是藥山又回到石頭那裏。雖然後人把藥山歸入石頭的法統，但實際上他是馬祖和石頭兩人之間的橋梁。

當藥山成為方丈後，他有兩個學生，一個是道吾，一個是雲巖。有一天，當這兩位學生侍立在旁邊時，他指著山上的枯榮兩樹，問道吾說：

「這兩棵樹，是枯的對，還是榮的對呢？」

道吾回答：

「榮的對。」

藥山便說：

「灼然一切處，光明燦爛去。」

接著他以同樣問題問雲巖，雲巖回答：

「枯的對。」

他便說：

「灼然一切處，放教枯澹去。」

這時正好高沙彌到來，他又以同樣問題問高沙彌，高沙彌回答說：

「枯者從他枯，榮者從他榮。」

聽了這話，藥山便對道吾和雲巖說：

「不是，不是。」

這不正是馬祖教藥山所謂的，沒有永遠的行而不住，也沒有永遠的住而不行嗎？事實上，馬祖，石頭，和藥山都深契於老子所謂的：

「故物或行或隨，或歔或吹，或強或羸，或挫或隳。」

馬祖正像六祖一樣，善用相對法使學生能擺脫現象而進入形上，掙脫相對而進入絕對，超脫有形而進入真空。不論他用肯定法，或否定法，都是依據特殊的需要而定。他的說法並不那麼明顯，可是他無論採取什麼說法，他從來不曾說破，總是帶有幾分曖昧，好像有點作弄人似的，即使在他臨終時，也是如此。當時有人問到他的病情，他便說：

「日面佛，月面佛。」

在佛家的術語中，「日面佛」是指活得很長，「月面佛」是指只能活一天一夜。馬祖的意思是說無論活得長和短，都沒有關係，只要他能發現真我。莊子曾說：

「莫壽于殤子，而彭祖為夭。」

「殤子」正像「月面佛」，「彭祖」正像「日面佛」。莊子有知，看到馬祖的話，勢必要會心的微笑了。

最後我們還必須提到馬祖的一段故事，才能結束本章。這段故事是說儘管他出家學佛，但他的心中仍含有濃厚的人性。據說當他回鄉小住時，受到鄉人的招待，可是隔壁的一位老太婆卻說：

「我以為有什麼奇特，原來就是馬家的那個小子。」

這話使馬祖頗為感慨，寫下了一首解嘲的詩：

「勸君莫還鄉，還鄉道不成。
溪邊老婆子，喚我舊時名。」

於是他仍然回到江西，在那裡他前後一共住了五十年，直到八十歲那年才離開了人間。

第六章　禪門的龍虎——百丈懷海和黃檗希運

前面我們曾提到《百丈清規》一書，雖然該書原本是百丈懷海所寫的，但今天保存在大藏經裏的，卻是元朝百丈德輝的作品（成於西元一二八二年）。不過這本書完全採自百丈懷海的著作。由於這本清規的產生才真正奠定了禪宗的制度。本書強調道德訓練，可與聖本篤（St. Benedict）的清規媲美。書中，對於方丈和其手下人員的職責都有嚴密的劃分，每天的生活都有詳細的規定。最有趣的是關於受戒和田間工作的禮儀。一個人要想出家做和尚，首先要立誓做到五戒，即是：

「不殺生，不偷盜，不邪淫，不妄語，不飲酒。」

以上的五戒只是入道的初步，接著還要做到：

「不坐高廣大床，不歌舞倡伎亦不往觀聽，不著華鬘好香塗身，不得蓄錢金銀寶物，不非時食。」

達到了這五戒後，才正式剃度，做個成色十足的和尚。

然而百丈當時最先確立的制度是從事耕種，不僅一般僧眾，就是方丈也要工作。在百丈以前，和尚不從事生產，而是靠乞食為生的。在印度，和尚是禁止耕種的，因為在鋤土或犁地時，不免會傷害了昆蟲。這種制度也只有熱帶氣候的印度才適合，因為他們可以吃椰子等水果以果腹。百丈的清規就是先要革除這種乞食的寄生生活。為什麼一個身心健全的和尚要像寄生蟲一樣，吸取俗人的血汗呢？因此他要求所有的僧眾必須騰出時間來開墾荒地，從事耕種，以自食其力。同時他強調生產的所得也應和俗人一樣納稅。這種具有革命性的見解，反而使得他遭受那些保守和尚的攻擊。但他像許多偉大的革命家一樣，具有不屈不撓的勇氣。在他做方丈的時候，比其他的人更賣力的工作，他那句「一日不作，一日不食」的話，已成為各宗佛家的格言了。

百丈活到九十四歲的高齡，在他快臨終時，曾有一段動人的故事。據說他的學生們因他年老，常勸他不要再工作，但他卻屢勸不聽，學生們只好把他的工具收藏起來，而他遍尋不得，便拒絕吃飯，最後還是他勝利了。

百丈這種改革的重要影響，也許不是他自己所能預見的。他死於西元八一四年，而在三十年後，佛家曾遭遇到一次大厄運，就是唐武宗的滅佛，主要的理由是經濟的問題，正如武宗在一封敕令中說：

「有一人不耕，便有人挨餓；有一女不織，便有一人受寒。可是現在廟中的和尚尼姑不知其數，都賴耕種以為食，織布以為衣。寺廟不在宮廷之列，卻裝飾得巍峨富麗，和宮殿爭美。這也就是晉宋齊梁之所以衰了。」這次滅佛，一共破壞了四萬四千六百餘所寺廟，有二十六萬五百餘僧尼被迫還俗，一萬五千餘奴僕被政府所接收。

奇怪的是在這次佛教的大劫中，各宗派裏只有禪宗能夠倖存，而且更蓬勃的發展開來。陳觀勝博士研究其中的原因不外於二：第一點是禪宗不須依靠宗教的附屬品，如經典，佛像等，因此即使被破壞了，他們仍然能夠發揮作用。第二點是他們不再寄生於社會，他們最重要的一條清規是每個和尚每天都要勞作，這個清規的建立者是百丈懷海，在他年老時還堅持要到田間去勞作。

如果只是把百丈看作一位僧院制度的改革者，這種看法仍然是膚淺的。因為他堅持勞作，對於人類的命運有著很大的意義。他承受了馬祖的思想，要使此心成為超越的，同時又是內在的絕對。在他眼中，只偏於超越一面，仍然會把這個絕對的本體割分為二。他認為本體是包括了形上形下的。知道這一點，我們便會了解他幫助老狐狸求道的故事，雖然神祕，但也自有其意義。這故事是說：

每次百丈上堂講法時，總有一個不相識的老人跟著和尚們進入法堂聽講。有一天，大家都走了後，只有這位老人逗留不去。百丈便問他是誰。他說：

「我不是人。很久以前，在迦葉尊者的時候，我本是山上的方丈。一個學生問我是否道行很高的人仍然會落入因果的法則。我回答說：『不會落於因果的法則。』這話使我被罰而變為狐狸身，整整有五百世之久，現在我求你的指示，以解脫狐狸之身。」

百丈便說：

「你要問我什麼？」

老人便把學生問他的話重複了一遍，百丈回答：

「你應該說不昧於因果的法則。」

老人於言下大悟，便向百丈禮拜說：

「我已解脫了野狐之身，我住在山的那頭，請你按照和尚死亡的禮儀埋葬我。」

百丈便命廟中管總務的和尚向大家宣布飯後舉行葬禮，大家都非常驚奇，因為廟裏根本沒有人死去。飯後，百丈便帶他們到後山的洞穴中，找到了野狐的屍體，便以禮把牠火葬了。

當天晚會時，百丈把整個故事告訴和尚們，黃檗便問：

「這位方丈因答錯了一句話，被罰做了五百世的野狐狸，那麼答對了所有的問題，又將如何呢？」

百丈說：

「你前來，我將告訴你。」

黃檗走向前去，便給百丈一巴掌。可是百丈卻拍手大笑說：

「我以為你的鬍鬚是赤的，哪料更有一個赤鬚的胡人。」

這個野狐的故事不能照字面解釋，它的含意很明顯，一個真正得道的人，是不會抹煞由因果法則所支配的現象世界，他看到超越界的永恆，也看到現象界的變幻。而道是超越這兩者，也包涵這兩者，正如莊子所說：

「是聖人和之以是非，而休乎天鈞，是之謂兩行。」

這兩行之道，是超越一元和二元的唯一之道，莊子又說：

「蓋師是而無非，師治而無亂乎，是未明天地之理，萬物之情者也。是猶師天而無地，師陰而無陽，其不可行明矣，然且語而不舍，非愚則誣也。」

野狐的錯誤是很容易看出的，但假如百丈把自己的答案看作唯一最恰當的解釋，那麼他的錯誤也犯得不輕。黃檗問：「答對了所有問題，又將如何？」這句話卻觸及了這問題的核心。百丈叫他走近來，也許要給他一掌，告訴他這個最根本的本體，最真實的自我，是超乎肯定和否定。但沒有等到百丈打他，他卻先打百丈，這表示他們所指的絕對相同，百丈本以為黃檗只囿於形而下，但卻發現黃檗已進入形而上，又安能不笑呢？所謂鬍鬚是赤的，這本是一個現象，但最重要的不是鬍鬚，而是那個赤鬍人的真身。

某次，有個和尚問百丈：

「佛是誰？」

百丈回答：

「你是誰？」

這是說只有你自己才能使你自由無礙的出入這個世界。當你一發現真我時，你便能掙脫了小我的許多偏執，因為真我與道合一，無所不包，使你生活在這個世間上，而沒有塵累，使你深入禪境，而不汲汲於尋求自我的片面幸福。

這使我們想起了黃檗的一段趣事。

黃檗是福建人，自幼便出家為僧，有一次他遊天臺山時，碰到一個奇怪的和尚，兩人談笑，一如故人。當他們走到一條小溪前面時，正好溪水暴漲，那個和尚叫黃檗一起渡河，黃檗便說：

「老兄，你要渡河的話，你自己渡吧！」

那個和尚便提高了褲腳過河，好像在平地上行走一樣自然，他邊走邊回過頭來說：

「來呀！來呀！」

黃檗便叫道：

「嘿，你這個自了漢，如果我早知你如此，便把你的腳跟砍斷。」那個和尚被他的罵聲所感動，歎道：

「你真是位大乘的法器，我實在不如你啊。」

說著，便消失了。

在黃檗，以及所有禪師眼中，「自了」並不能得到真我，一個自了漢只是追求以自我為中心的幸福，卻得不到真正的幸福，因為真人本身就有幸福，而他卻向外追逐幸福，像追逐其他的物質一樣。事實上，他只是迷頭認影而已。

黃檗把本體看作心——唯一的真心，這個心能產生有形和無形的一切，它是智慧的活泉，我們的身內都有這個活泉，但由於我們追逐外物，被小我的分別意識所作繭自縛，使這個內在活泉不能暢流。正像黃檗所說：

「如今學道，不悟此心體，便于心上生心，向外求佛，著相修行，皆是惡法，非菩提道，供養十方諸佛，不如供養一個無心道人。」

這也就是說，假如我們要體認真心，便必須先要遠離那個自作聰明的辯巧之心，黃檗所謂的「一心」就是「無心」，也就是說我們要透過無心，才能歸於真心。

在黃檗眼中，「真心」是無心，是沒有任何形體的，因此它也超越了善和惡。他說：

「造惡造善，皆是著相。」

事實上這個「真心」，即是我們本來的佛性。它是虛空的、寂寞的，又是純粹的、無所不在的，它是光輝的、微妙的，又是安靜的、快樂的，只要你能深切悟入，直下便可以看到它的真面目，恰如黃檗所描寫的：

「此靈覺性，無始以來，與虛空同壽，未曾生，未曾滅，未曾有，未曾無，未曾穢，未曾淨，未曾喧，未曾寂，未曾少，未曾老，無方所，無內外，無數量，無形相，無色象，無音聲。」

這也就是說它超越了一切相對觀念。不能言傳，只能意會。禪師所用的文字和動作都是在時機成熟時，喚起覺悟的一種手段而已。當你開悟時，你和禪師將會無言的默契，這就是所謂的「以心傳心」。

黃檗要我們超越善惡，其用意正和莊子相同，並不是鼓勵我們放任，而是認為有道之人不應把善當作一種物體來追求。他把善看作發自內心智慧的一種活泉。他只是隨著外境很自然的行善，當外境一遷，他仍然保持住原有的寧靜。在行善時，他沒有一絲求報之心，因為他知道自性是「圓滿具足，無所欠少」的。

黃檗對於一般佛家強調「六度」及其他許多繁文縟節的態度，正和莊子對於儒家著重道德教化的態度相同。他說：

「修六度萬行，欲求成佛，即是次第。無始以來，無次第佛，但悟一心，更無少法可得，此即真佛，佛與眾生，一心無異。」

這種反對傳統佛學的精神，是和莊子反對儒家的精神是一致的，湯姆士默燈曾描寫莊子說：

「莊子的反對儒教，並不是由於個人不願受責任約束的一種私欲，而是有更高的目標，這對於我們西方人去了解這種捨棄道德，只求個人證悟的莊子和禪家，是非常值得注意的一點。莊子所要求的，是超過了仁義，他之反儒，是因為儒教尚有所不足。儒教只是要我們成為一個有德行的官吏，或有教養的人，但它卻是用外在的規範來約束我們，使我們無法自由的去滿足一種不可思議的新需求。」

據筆者所知，這種看法是非常公正和深刻的。禪宗和老莊的思想正是如此。不過筆者要補充的是，默燈神父所指的儒家不能代表孔子，因為孔子到了晚年，他的言行已顯得非常圓融而具有超越性了。

黃檗和莊子的思想在根本上是一致的。他們兩人都談到絕對，只是黃檗稱它為「真心」，莊子稱它為道而已。由於他們都是深思的偉大神祕主義者，因此他們洞見絕對的悟力也無疑的是相同的，事實上，像西方的神祕主義者，如羅士勃洛克（Ruysbroeck）、十字若望（John of the Cross）和愛克哈特（Meister Eckhart）等人的悟力也完全和禪宗及道家相似。

黃檗在禪宗史上的重要性不僅在於他的見解新穎，而尤其在於他那強烈的個性，和激烈的方法，深深的影響了他的學生臨濟，和整個臨濟的宗風。他的作風是如此的猛烈，使他的老師百丈曾把他比作老虎。有一天，當他工作回來時，百丈問他去了哪裏，他回答說：

「到大雄山去採菌子了。」

百丈再問：

「你碰到老虎沒有？」

黃檗便故意作老虎的吼聲，而百丈也故意拿起斧頭要砍，這時黃檗便打了百丈一掌，百丈卻笑嘻嘻的回到房中。後來在集會時，百丈向大家宣布說：

「大雄山下有一隻老虎，你們要好好留心，我今天已被牠咬了一口。」

這話乃是暗射他已發現黃檗可以作為他的繼承者了。

有一次，黃檗拜訪鹽官禪師時，曾向佛像行禮，這時旁邊有個和尚問他說：

「求道之人，不應執著於佛，不應執著於法，也不應執著於僧。請問你為什麼要行禮呢？」

黃檗回答說：

「我並沒有執著於佛，執著於法，也沒有執著於僧，我之所以如此，只是隨俗而已。」

那個和尚又問：

「請問行禮又有什麼用處呢？」

黃檗便打了他一掌，打得那個和尚直叫：

「你這人怎麼那樣粗野呢！」

黃檗卻喊道：

「這是什麼所在？你居然在此敢說粗、說細。」

讀者如果知道那個挨打的和尚是誰，一定會大吃一驚。那和尚就是後來繼承了唐武宗的宣宗。

黃檗有一個居士學生，就是在宣宗時曾任宰相的裴休。裴休是位虔誠的佛教徒。有一次，他買了一尊佛像，跪求黃檗替它取名，黃檗叫道：

「裴休。」

裴休應聲回答。黃檗便說：

「好了！我已替你取好了名字。」

又有一次，裴休把他解釋佛理的一篇文稿給黃檗看，黃檗把那篇東西放在一旁，過了好一會才問裴休：

「你了解嗎？」

裴休回答：

「我不了解。」

黃檗便說：

「你用我所示這種方法去了解，也許還能把握一二，如果要用文字來表達，那便完全失去了吾宗的精神。」

然而，也幸有裴休的勤勉，我們今天才能讀到黃檗的兩篇大作，一是〈傳心法要〉，一是〈宛陵錄〉，前者曾被今人翻成了英文，後者是記載黃檗與裴休及其他幾位學生的談話。在該文的結尾，曾特別強調公案對於頓悟的重要性，這顯示了自黃檗開始，已把公案當作禪道的一種特殊方法。他常告訴大家禪是生死之所關，不能等閒視之。他說：

「若是個大丈夫漢，看個公案，僧問趙州：狗子還有佛性也無，州云：無。但去二六時中看個無字，晝參夜參、行住坐臥，著衣吃飯處、阿屎放尿處，心心相顧，猛著精彩，守個無字，日久月深，打成一片，忽然心花頓發，悟佛祖之機，便不被天下老和尚舌頭瞞、便會開大口，達摩西來，無風起浪，世尊拈花，一場敗缺，到這裏說什麼閻羅老子，千聖尚不奈爾何，不信道直有遮般奇特，為甚如此，事怕有心人。」

在結尾中，他寫了一首動人的詩偈：

「塵勞迥脫事非常，緊把繩頭做一場。
不是一番寒徹骨，爭得梅花撲鼻香。」

以筆者的看法，對所有的禪師來說，整個生命就是一個大公案。在我們一開始真實生活時，便應該參破這個公案。只要我們真實的活著，一切平凡的事都會變得非常奇妙。有一個和尚問百丈什麼是世界上最奇妙的事，百丈回答說：

「那就是我獨坐在大雄峯上。」

這種境地的深度尚含有不同的層次，用理智或直觀的了解是一回事，而用整個生命的每個細胞去證驗又是另一回事。只有我們大死一番，才能再活現成，當然這事談起來容易，做起來卻極難。因為我們經常流於矛盾，經常是冥頑不靈的，正如莊子所謂的：

「其嗜欲深者，其天機淺。」

在莊子的作品中常有許多類似公案的故事，例如：某次有一位很熱誠的學道者來拜訪老子。老子問他：

「跟隨你來的是些誰啊！」

這位學生轉身去看，什麼都沒有，大為驚恐。老子便說：

「你不了解我的意思嗎？」

這話更增加了學生的驚恐。於是老子便叫學生告訴他苦惱些什麼，這位學生便說：

「我不知時，別人把我當作笨蛋，

我有所知時，而知識卻給我帶來了煩惱。

我不仁時，傷害了別人，

而我為善時，又吃虧了自己。

我不義時，有損職守，

而我盡職時，又吃力不討好，

究竟要怎樣才能跳出這種矛盾，

這是我所求教於你的了。」

老子回答說：

「剛才，我初見你時，

由你的眼神，

知你深陷於矛盾之中，

現在聽了你的話，

更知你痛苦已深，

你驚悸於死亡，

就像嬰兒失去了父母一樣，
你拚命尋求，
就像拿著很短的竹竿探測海底一樣，
你想找回失去了的真我，
卻茫茫然不知走向何方，
真是可憐啊！」

這位學生便請求讓他再修鍊工夫、要做到想他所願想的，不想他所不願想的。十天以後，他仍然失望了，便又去見老子，老子對他說：

「可憐啊！
到處是阻礙，
到處是癥結，
要想打破這些桎梏嗎？
假如你的麻煩是外在的，
要想一個個的抓住它們，
摔脫它們，
是不可能的啊！

還不如忘了它們吧！
假如你的麻煩是內在的，
要想把它們碎成片片，
也是辦不到的啊！
你所能做的，
乃是讓它們失去了作用。
假如你的麻煩在內外都有，
那麼即使你持守道德也不可能啊！
為了解決你的問題，
還不如放於道而行，
一切自然的會雲消煙散！」

上面所引的一段故事，事實上，就是一個大公案。當一個人被他自己製造的矛盾所困擾而不知所措時，禪師卻把他的問題丟在一旁，而直示以道，使他能提昇到更高的境界，再俯看那些矛盾，都只是些妄想幻影而已。學生的問題卻不解而自解，這種經驗就像從惡夢中驚醒過來，是那樣的扣人心弦，那樣的舒暢安然。

第七章　風趣的古佛——趙州從稔

從稔禪師就是眾所周知的「趙州古佛」，又簡稱為趙州，這是因為他曾在河北趙州的觀音院裏做了很久的方丈，在本文中，我們也按照一般習慣，稱他為趙州。

趙州俗姓郝，是山東曹州人，生於西元七七八年，依據《傳燈錄》的記載，他曾活到一百二十歲，但也有人說他死於西元八六三年，照這種情形來說，他只不過活了九十一歲。雖然前面的說法是一般傳統的看法，但我們卻很難斷定哪種說法是絕對正確的。

趙州從小就出家，後來他到安徽池州拜南泉為師。當他第一次見南泉時，南泉正仰臥在床上休息。南泉看到了這個年輕小伙子便問：

「你從哪裏來？」

趙州回答：

「我從瑞像院來。」

南泉又問：

「你可曾看到瑞像麼？」

趙州回答：

「我沒有看到任何瑞像，只看到躺著的如來。」

聽了這話，南泉大為驚奇，便坐起來問：

「你是否有師父教導呢？」

趙州回答說有，南泉便問是誰。趙州不答，只是向南泉行禮說：

「深冬，天氣寒冷，乞望師父保重尊體。」

這就是說趙州已選了南泉為師。當然南泉也很高興的意外收了這位不凡的學生。南泉對他非常推許，並立刻帶他到內室。

當趙州問南泉「什麼是道」時，南泉卻回答：

「平常心是道。」

趙州再問：

「是否有任何方法可以達到它呢？」

南泉便說：

「當你一有『要達到』這個念頭，便有所偏差了。」

趙州又問：

「如果封閉一切意念的話，我們又如何能見道呢？」

南泉回答說：

「這個道是不在於知和不知的，知是妄覺，不知是麻木。如果你真能毫無疑惑的證得大道，就同太空那樣的虛豁開闊，毫無間隔，又豈可受外在的是非觀念來約束呢？」

聽了這話，趙州大悟，於是便正式受戒為和尚。

有一天，他問南泉說：

「知『有』的人，究竟歸向何處？」

南泉回答：

「他將下山到村莊中去做一頭水牛好了。」

南泉這話已夠奇特，而趙州的反應更為奇特，他非但不感覺詫異，反而向南泉道謝啟迪之恩，於是南泉又說：

「昨夜三更月到窗。」

上面的兩段對話非常重要，因為這是趙州精神和證悟的基礎，也是了解趙州一生言行的鑰匙，現在讓我們先來看看它吧！

在第一段對話中，南泉曾揭出禪的一個中心思想，就是「平常心是道」。接著又指出道是超越了知和不知，是不能由向外追求，或知解的辯巧而得的。但南泉並沒有告訴我們究竟如何才能見道，他只是說見道之後，你的境界將像太空一樣的虛豁開闊，毫無間隔。筆者相信，在這裏他所指的道是超越的，假如平常心是道的話，那麼這個平常心也一定是超越的。

在第二段對話中，我們首先遇到了禪的一個術語就是「知有」，這兩字的意思是說「了解本體，或純粹的存在」，也就是說了解道體，與道體合一。趙州是問一個人要去哪裡才能和道體合一，因為依據莊子的看法，道是無所不在的。而南泉為了更真實的去表現道的內在性，便告訴他這種人要到山下去做水牛，當然這裏的水牛乃是南泉為了引發趙州的注意力隨便說的而已，這點同莊子的道在尿溺一樣。但南泉則更進一步，因為莊子只是把對方的念頭打消，而南泉則使對方完全悟入。所謂與道合一乃是與整個宇宙及其中的一切東西合一。趙州是充滿了這種驚人的悟力，當南泉向他一指點後，就像皎潔的月光透入了他的靈魂之窗一樣，使他完全的開悟了。

所謂開悟乃是解脫一切的妄念和約束。因此一個新開悟者的某些行動也常使那些食古不化的縉紳先生們大為吃驚。可是奇怪的是，這些老師非但不以為迕，反而欣然接受學生那種表面上好像是侮辱的態度。譬如臨濟打他的老師黃檗一掌時，黃檗卻哈哈大笑。同樣趙州對待南泉的態度也是如此。某次，南泉對趙州說：

「現在，我們最好是離群與異類為伍。」（如果不知道佛家的一句諺語『救獸易於救人』的話，可能不太了解上面這句話的真意）

趙州卻不以為然，而說：

「先不談『異』字，請問什麼是類？」

南泉兩手按地，作四足獸的姿勢。趙州便走到他的後面，用腳把他踏倒，然後跑進涅槃堂，大叫：

「悔！悔！」

南泉很欣賞趙州的一踏，卻不知他為什麼要悔，因此便差人去問趙州悔個什麼？趙州回答：

「我懊悔沒有多踏他一腳。」

聽了這話，南泉反而更為器重趙州了。

照這樣看來，禪的世界是多麼的光怪陸離啊！但，如果我們知道南泉提出的境界只是為了考驗趙州是否悟解得真切深入，而無其他目的；如果我們了解趙州的一踏只是為了掃除類的觀念，而無其他用意；那麼我們將很容易的看出他們這種瘋狂的舉動中也自有其方法的了。

雖然南泉是大僧院的方丈，但真正為他心許的，卻只有趙州一人。事實上，由於他們兩人的密切合作而啟發了其他學生。如，趙州曾在廚房內充任火伕，有一天，他關起門來在房內燒火，燒得整個廚房都是煙，然後大叫「救火，救火」！等大家趕來時，他在房內說：

「你們說對了，我就開門。」

大家都默默無語；這時南泉拿了把鑰匙從窗口遞給趙州，這正是趙州心中所認為說對了的話，於是便打開門走了出來。

沒有人敢說完全了解這段故事的真意，但我們如果把整個故事當作引導開悟的一種指標，也許可以把握住部分的真意。趙州所謂說對了就是打開心靈之門的悟。其實「說對了」並不需要言傳，可以表現在默然不語，或遞一把鑰匙的這一舉動中。其他的言教都是像這扇門，必須從內部去開。最後據這個故事所表示，趙州可以不用鑰匙把門打開，南泉把鑰匙從窗洞中送進去，對於開門並沒有絲毫實質上的幫助，南泉的這一舉動只是內在的一個回聲罷了。這也就是說明了為什麼沒有一位禪師敢自誇說他的功勞，儘管他曾經啟悟了不少的學生。西哲默燈認為這種態度是來自於老莊的無為之道和自然之性。這也正是禪宗繼承了老莊思想的地方。

從另外一段公案中，我們可以看出趙州的見解完全和他的老師一致。這個公案的起因是由於東西兩堂的和尚們在爭奪一隻貓，南泉抓起了這隻貓，對大家說：

「你們說對了，這隻貓就得救，否則，我就斬掉牠。」

大家都默默無語，於是南泉便把那隻貓斬成兩截。當趙州回來的時候，南泉把前面的話對趙州再說一遍，趙州並不回答，只是把鞋子脫下放在頭上，走了出去。南泉便說：

「假如當時你在場的話，便會救了貓兒的命。」

在禪的文字中，這是一則常被討論到的公案。為什麼南泉對這隻無辜的貓是如此的殘酷無情？他用刀把貓斬成兩截究竟有何作用？趙州把鞋放在頭上走出去是什麼意思？為什麼南泉說趙州這種莫名其妙的舉動就能解救貓兒？最簡單的答案就是：禪超乎意識觀念，不是語言所能解釋的。但禪雖然超乎意識，卻也超乎無意識。雖然這些問題並沒有合乎邏輯的答案，但在這兩位禪師的行為中，仍然可以看出其心理及精神的動機。假如南泉的作法是令人震驚的；那就是要震斷和尚們對於那隻貓的執著，南泉對於這些出家的和尚們仍然為了占有一隻貓而產生爭執感覺得震驚。這個問題的所有癥結就是要做一個真的和尚便必須一刀斬斷塵世界。也唯有用這種無情的方法才能使人真正走向自由和超然。我不敢確定南泉的這種作法是否最完美，但顯然的最後學生們在精神的解放上都得到了一個難忘的教訓。

同理，趙州把鞋放在頭上走出去好像是完全的不合情理，但他卻提醒那些和尚們，在真實的境域中，塵世的一切是非價值等都必須顛倒過來。也許很湊巧的，趙州這種戲謔的作法安定了他老師激動的情緒——當然一個悟道者也不免有情緒的生活——好像趙州在說：「老師晚安，輕鬆一點，好好的休息一下吧。」

趙州在悟道之後，曾旅遊各地，拜訪當代的許多大禪師。這並不是完全為了和那些禪師們交換意見，其實主要的，還是因為他喜歡山水，喜歡到處為家。許多朋友們都勸他定居下來，建立自己的園地，但他始終沒有這種需要。

有一次他去拜訪茱萸和尚，茱萸對他說：

「像你這樣的年紀，也該定居下來弘法了。」

趙州卻問：

「我該定居在什麼地方啊！」

茱萸驚訝的說：

「什麼！像你這把年紀了，居然還不知道自己的住處嗎？」

茱萸的意思是說真人即他自己的住處，這是很顯然的事實。由於這事實太顯然了，因此趙州沒有提到它，反被茱萸運用它來嘲弄他，所以趙州歎著說：

「我三十年來騎在馬背上遨遊，想不到今天卻被驢子踢了一腳。」

後來有一次，趙州想到山西五臺山的清涼寺去，有位佛學家便寫了首偈子給他說：

「何處青山不道場，
何須策杖禮清涼，
雲中縱有金毛現，
正眼觀時非吉祥。」
（註：清涼寺位在五臺山，是為了崇敬華嚴宗的四祖清涼而建的，據說當清涼說法時，雲中曾出現金毛獅子。）

趙州並不因此而改變他的初衷，他反問那位佛學家說：「什麼是正眼？」那位佛學家無話可答。他已知道趙州是帶著正眼策杖而行的。

趙州直到八十歲左右才定居在趙州東郊的觀音院，據說他的生活是非常苦修的。在他充任四十年的方丈期間，沒有添過一只傢俱，沒有請求過一次津貼。如果以現代一般的觀點來看，他也許是一個最沒有手腕的方丈了。

雖然如此，但趙州是不會被人遺忘的，某次有位王公去拜訪他，他坐著問：

「大王：你會嗎？」

對方回答：

「不會。」

他便接著說：

「我自少吃素，現在年已老邁，看見你到來，也無力下床相迎了。」

那位王公非但不責備他，反而對他更加尊重。第二天王公差了一位將軍送口信給他，他卻下床相迎。事後，隨侍的和尚便問他說：

「前次大王來時，你不下床；這次將軍來了，你為什麼卻下床相迎？」

趙州回答說：

「你有所不知，第一等的人來，我在禪床上迎接他，中等的人來，我下床迎接他；末等的人來，我到前門去迎接他。」

在這裡趙州已不講俗世社交的禮儀，而是針對對方的精神需要所作的方便教導。

前面我們曾提到「趙州古佛」一語，這句話是南方最著名的雪峯禪師所說的。據說有一次某和尚從南方來拜訪趙州，提出雪峯和學生的一段對話：

「學生問：『如何是古潭寒泉？』

雪峯答：『即使你瞪目而視，也看不到底。』

學生再問：『飲水的人怎麼辦呢？』

雪峯答：『他不用嘴飲。』」

趙州聽了這段話後，便故意幽默的說：

「既然他不用嘴飲，也許用鼻飲吧？」

那位和尚又問：

「那麼，你說如何是古潭寒泉呢？」

趙州回答：

「味道很苦。」

那位和尚再問：

「那麼，飲的人怎麼辦呢？」

趙州回答說：

「死去。」

後來雪峯聽到這段對話，大為讚美說：

「真是古佛！古佛。」

所謂「趙州古佛」的名稱就是這樣來的。

上面所指的「古潭寒泉」，其實就是道。「味道很苦」的意思是說你要求道，便必須經過嚴格的自律，達到忘物忘己的地步。唯有吃得苦中苦，才能做得人上人，正是所謂「大死一番，再活現成」。在這段話中可以看出了趙州的樂觀和活力，以及他那深湛的智慧，和輕鬆的幽默感都是從刻苦中提鍊出來的。

有一次，一位儒生去見他，被他的智慧所感動而說：

「你真不愧為一位古佛。」

趙州立刻回答說：

「你也是一位新如來。」

趙州這話並不只是讚美，筆者以為這是他很敏捷的修正了「古佛」一詞。因為真正的自我是常新的，古佛卻只是死了的佛而已。

禪師們的共同目的都是要引導學生走向真正的自我，趙州也是如此。只不過他所用的方法有時顯得滑稽突梯罷了。

有一天早晨，他接見許多新到的和尚，問其中的一個說：「你以前曾來過嗎？」

對方點頭說是，他便說：

「吃茶去。」

又問另一個和尚，那個和尚說：

「這是我第一次來到這裏。」

而趙州也說：

「吃茶去。」

這時廟中管後院的大和尚問他說：

「曾來過的和尚，你叫他吃茶去；未曾來過的和尚，你也叫他吃茶去，這是什麼意思？」

趙州便叫：

「院主。」

這位後院主回答：

「是。」

於是趙州又說：

「吃茶去。」

雖然以上三種情形，都是去吃茶，但每種情形都喚起同樣的問題；是誰在吃茶？再說，假如道就是平常心的話，那麼每一個平常的行動都是道的表現。有一個和尚問趙州說：

「弟子初到叢林，請師父指點！」

趙州問：

「你吃過粥沒有？」

那和尚回答：

「吃過了。」

趙州便說：

「那麼，就去洗鉢盂吧！」

聽了這話後，那位和尚便恍然大悟。

趙州正像莊子一樣，是主張宇宙一體的，在他的世界觀中，萬物平等，因為道是無所不在的。

某個漫長的夏天，趙州和他的忠實弟子文遠閒坐在房內，突然有個念頭掠過這位童心未泯的老人腦中，他便說：

「文遠，讓我們來作個比賽，看誰能用譬喻把自己比得最低。」文遠接受了這個挑戰。他們並商定誰贏了，誰就要輸掉一塊餅。於是趙州先說：

「我是一隻驢。」

文遠接著說：

「我是驢子的屁股。」

趙州又說：

「我是驢子的糞。」

文遠再說：

「我是糞裏的蟲。」

到了這時，趙州不能再說，便問：

「你在糞中做什麼？」

文遠回答說：

「我在那裏度暑假。」

趙州便說：

「好了，算你贏吧！」

邊說，邊拿了餅就吃。

在所有的記載中，這是趙州第一次認輸，也許這位老和尚當時很餓，為了得到餅，只好輸了這場比賽吧！

我常奇怪為什麼有的聖哲之士喜歡談一些不甚文雅的東西。譬如莊子曾說道在尿溺，何穆法官認為在宇宙中，腦的作用不見得比大腸的迴動高明了多少。同樣，在莊子和禪師們的眼中，也認為大腸的迴動，與腦的作用是一樣的重要。

趙州認為心淨一切淨，心不淨一切都不淨。譬如某天早晨，有一個尼姑要趙州告訴她什麼是「密密意」，也就是說最根本的原理是什麼。趙州便在她身上捏了一把。實際上他是要告訴這位尼姑最根本的原理就在她自己的身中，但這位尼姑卻被趙州出其不意的動作嚇得大叫說：

「啊！想不到你還有這個在。」

趙州立刻回答說：

「是妳還有這個在。」

趙州這種非常敏捷的回答，完全是來自肺腑之言。

在趙州的眼中，真如並不在於形式的教條和銘言。

某次，有位和尚問他：

「什麼是你最重要的一句格言？」

趙州回答：

「我連半句格言都沒有。」

對方又問：

「你不是在這裏做方丈嗎？」

趙州回答說：

「是呀！那是我，並不是格言啊！」

趙州繼承了慧能的思想，特別強調自性，也就是道，或真如。他曾說：

「千人萬人盡是覓佛漢子，覓一個道人無。……未有世界，早有此性。世界壞時，此性不壞。一從見老僧後，更不是別人，只是個主人公，這個更向外覓作麼？」

又說：

「佛之一字，吾不喜聞。」

趙州的看法正和馬祖、南泉一樣，認為這個道，或真如是既非心，也非佛，也非物。它是超越了時空，但又遍在一切，譬如，某和尚問趙州：

「什麼是祖師西來意？」

他回答說：

「庭前柏樹子。」

對方抗議他只指出一個物體。但趙州卻說：

「不然，我並沒有指給你一個物體。」

對方再問：

「什麼是祖師西來意？」

趙州仍然說：

「庭前柏樹子。」

剝去禪的隱語，趙州所說的也只是指出道在庭前的柏樹子中。為什麼要單單提到柏樹呢？這是因為他當前第一眼看到的是柏樹，如果他看到老鷹，一定會說：「鷹在天邊。」的確，他所說的是物體，不過他是用這個物體去表達道的無所不在。他指給那個和尚的並不只是一個物體，而是因為那個和尚自己的觀點只黏著於物體，不能超脫。

趙州對道的看法是和老莊一致的，這並不是他有意的接受老莊思想，而是他的悟解正好和老莊起了共鳴。在另一方面，他並不完全同意三祖僧璨的那幾句偈語：

「至道無難，惟嫌揀擇；
但莫憎愛，洞然明白。」

在某次法會中，趙州曾持異議說：

「才有語言，便是一種揀擇，便是為了求明白，我這老僧不在明白裏，你們要好好的珍惜它，記在心中。」

當時有個和尚反問說：

「既然你也不在明白裏，要我們珍惜個什麼？」

趙州回答：

「我也不知道。」

對方再問：

「你既然不知道，為什麼又知道自己不在明白裏？」

趙州避開這個問題而說：

「請你直接去體會吧！」

於是大家便向他禮拜而退。

那位和尚也許不是個初學者，他想逼老師去說清楚他的哲學觀點，而掉入了老子所謂「知不知上，不知知病」的窠臼中，但趙州卻巧妙的避開了這個問題，他像所有偉大的禪師一樣令學生站在很滑的地面上，使他們不致躲在那些明確的公式的溫床上。當馬祖說：「石頭路滑」時，那也是讚美石頭為當代偉大的禪師。

然而沒有人比趙州更滑的了，有個和尚問他：

「萬法歸於一，而這個一歸向哪裏呢？」

他回答說：

「我在青州做了件布衫，重有七斤。」

這簡直是答非所問了。然而這段對話，卻被後代禪師當作公案去考驗初學者。對於趙州來說，一和多是相即相融的。假如多歸於一，那麼一也歸於多，因此宇宙中無論任何微不足道的事物，也都會歸於一，和這個一不可分。所以沒有任何東西比他在青州所做的七斤重的布衫更具有特殊性了，同時也沒有東西比這個「一」更具有普遍性。在宇宙中任何特殊之物也都離不了這個「一」。

那麼是否趙州把這個一看作道呢？他決不會如此。否則這個道便變成相對之物了。以他的觀點，道是超越了一和多的，這似乎是他的中心思想。甚至當他年輕時，在南泉門下，便體會到道的超越性。有一次他引證南泉所謂「道不離物，離物非道」的話而問：

「如何是這個超越的道？」

南泉舉棒便打，趙州抓住棒說：

「以後留心，不要錯打人。」

這話贏得了南泉的讚美而說：

「龍蛇易辨，真和尚不可欺啊！」

道不僅是超越了一和多，而且也超越了有和無、現象和本體。趙州特別善於從他所體認的道的超越性中去隨意運用相對的術語。某次，有個和尚問他：

「狗兒是否還有佛性。」

他回答說：

「沒有。」

這話似乎完全違反了儒家的教義，因此對方又反問說：

「上至諸佛，下至螻蟻，都有佛性，為什麼狗兒卻沒有佛性呢？」

趙州回答說：

「這是因為牠有前世業識的緣故啊！」

又有一次，另一個和尚問了同樣的問題，趙州回答說：

「有。」

對方又問：

「既然有佛性，為什麼卻投入了這個狗兒的臭皮囊中呢？」

趙州卻回答說：

「這是牠明知而故犯啊！」

筆者以為假如有第三個人再問這個同樣的問題，他也許會回答：

「也有，也沒有。」

他答有，是一種意思；答沒有，是另一種意思。

趙州對於相同的問題，很少以相同的答案回答。這並不是因為他酷愛新奇，而是他那純真的心只為了一個目的——就是引對方走向覺悟。由於這目的，使他在各種不同的情況裏，運用不同的答案。也只有這些回答才是活潑的，才是自然的從心中流出，從另一方面來說，假如你以同樣的答案回答同樣的問題，那便變成了死板的格式、機械的記憶，和單調的陳述了。即使你的答案是獨創的、有生命的，可是經過你這種反覆的重述後，便會像一個榨乾了的檸檬一樣失去了它的生命。如果用這種方法，你便會把人變成了一隻鸚鵡而已。

據說趙州用這種方法去考驗別人，曾揭發了不少假禪者，他有一種判別真假的銳敏感覺。常常有許多自南方來的和尚，他們從許多著名的禪師那裏學了不少警句和話頭，因此談起話來非常流利，其實多半是套用老師的話，趙州稱這種人為擔板漢。有一次，他遊五臺山，碰到了一個奇怪的老太婆。他的侍從曾告訴他說：「這個老太婆常在路邊迎接每個來遊的和尚，當別人問她山上的廟是如何走法時，她便說：『一直去。』等別人照她的指定走時，她再說：『又是這樣去的。』很多人認為她深通禪理。」但趙州卻對他們說：

「讓我去考驗她一下。」

於是趙州故意走向她，她也照常的迎面而來，趙州便向她問路，她說：

「一直去。」

趙州便照她所示的方向走去，她再說：

「又是這樣去的。」

第二天，趙州對他的隨從們說：

「我已替你們看破她了。」

禪的精神就在於力避陳腔濫調。

莊子曾說：「有真人而後有真知。」趙州的看法也是如此，因為他認為禪的運用，一切都存乎其人。他曾發揮說：

「正人說邪法，邪法亦隨正；邪人說正法，正法亦隨邪。」

最令人驚奇的是趙州在風燭殘年時，並沒有消失了他那青春的活力，他好像永遠也不會衰老似的。當時比他年輕的許多禪師都沒有像他那樣的充滿了活力。在他最後的幾年中，曾看到禪宗衰退的跡象。他說：

「九十年來，我曾看過馬祖以後的八十餘位禪師，他們都具有創造的精神，可是最近幾年來，學禪的人卻逐漸的走向繁瑣、分歧。離前人的創造精神愈來愈遠，這種頹風是愈來愈厲害了。」

趙州說這些話是在九世紀末，那時他已是一百一十歲的高齡了。我們不得不承認他觀察的正確。在這時，禪的黃金時代已過，他可說是唐代最後一位大禪師——他是最後，但也是最重要的一位。

趙州並沒有建立他自己的宗門，這是因為他極端自由逍遙而無意讓別人把他當作偶像來開宗立派。雖然如此，但以後的五宗卻都把「趙州古佛」當作他們共同的智慧源泉。因此筆者在這裏收集了一些有關他的軼事和警語，這些都足以作為禪宗精神的典型。

1. 趙州和他的像

有個和尚替趙州畫了一幅像，當他拿給趙州看時，趙州卻說：

「假如這幅像是真的像我，那麼就殺掉我，否則就燒掉它。」

2. 放下吧

有位客人很不好意思的說：

「我空手而來。」

趙州說：

「那麼，你放下來吧！」

對方更不安的說：

「我沒有帶東西來，怎麼放下呢？」

趙州又說：

「那麼，你就帶著吧！」

要想進入禪境，單單空手還是不夠的，你必須要空心。對於自己的無知感覺羞愧的人，只表示他的心已被他自己所窒息。

3. 趙州的家風

有個和尚問趙州：

「什麼是你的家風？」

趙州回答：

「我內也沒有，外也不求。」

4. 乞兒不缺少

有和尚問：

「乞兒來時，我們拿什麼給他？」

趙州回答：

「他並沒有缺少什麼。」

5. 真人非人

有和尚問：

「不與萬法為伴的是什麼人？」

趙州回答：

「他是非人。」

6. 你是什麼人

有和尚問：

「如何是佛？」

趙州回答：

「你是什麼人。」

7. 死人送活漢

趙州參加一個和尚的送葬行列，感慨的說：

「許多死人，送一個活漢。」

8. 大笑解嘲

沒有比看兩位大禪師互相考驗，互拉後腿更有趣的事了。當趙州拜訪大慈時，他問：

「般若以何為體？」

大慈卻重複的反問說：

「般若以何為體？」

這次，趙州古佛被人抓住了。因為他問出了一個毫無意義的問題，於是他只得以大笑解嘲，一笑了之。第二天早晨，當他正在掃地時，大慈看到他，便考問說：

「般若以何為體？」

趙州放下了掃把，又是一聲大笑。於是大慈便靜靜的走了回去。

9. 代替不來

有個和尚要求趙州告訴他禪學的大義，趙州卻說：

「我現在去拉尿。想想看，像這種小事，也要我親自去拉才行啊！」

10. 公開的祕密

有個和尚問：

「如何是趙州？」

顯然他並不是問趙州地方，而是問趙州和尚的禪風如何，但趙州卻故意用地方的情形告訴他說：

「東門，西門，南門，北門。」

這是說他的禪像城門一樣，四通八達，任何人只要具有平常心便可從城門進去。但這並不是說城門是常開的，它們有時開著，有時關著。當它們閉著的時候，任何外在的力量，甚至全宇宙的力量也無法把它們打開，這就是趙州的禪風——這是個公開的祕密。

第八章　石頭門下的後繼者——天皇、龍潭、德山、巖頭、雪峯

在這裏，我們要介紹五位重要的禪師，他們不僅是從石頭希遷到雲門文偃和玄沙師備之間的橋梁；而且都有高度的創造精神，對禪宗的傳統都有特殊的貢獻。

1. 第一位是天皇道悟（西元七四八—八〇七年）

他是浙江東陽人，俗姓張。在十四歲那年便想出家，但父母不答應；於是他便每天節食，弄得骨瘦如柴。最後他的父母只好勉強答應了。他二十五歲那年才在杭州正式受戒，特別注重苦修。後來到餘杭去拜訪徑山道欽，徑山是屬於四祖道信和牛頭法融的系統。也就由於徑山的關係，他才第一次接觸到禪學。他隨徑山問學了五年，後來又到馬祖那裏得到印證。耽了兩個夏天，最後便去見石頭希遷而問：

「如果超脫定慧，請問你還能告訴別人什麼法？」

石頭回答：

「我這裏本來就沒有奴隸，還談個什麼超脫。」

道悟再問：

「這樣的話，叫人如何了解呢？」

石頭又說：

「你是否懂得『空』？」

道悟回答：

「這一點，我早就有心得了。」

石頭說：

「想不到你還是從那邊來的過來人呢？」

道悟說：

「我不是那邊的人。」

石頭說：

「我早已知道你的來處了。」

道悟說：

「你怎麼沒有證據，就誣賴我呢？」

石頭說：

「你的身體就是證據。」

道悟說：

「就算你說得有理吧，可是究竟我要拿什麼東西去教導後人呢？」

石頭說：

「請問誰是我們的後人。」

被這一問，問得道悟豁然大悟，至此才真正了解以前兩位禪師所指導他的一切。

2. 第二位是龍潭崇信（死於西元八三八年）

道悟教人的方法可以從他和學生龍潭的故事中看出。

龍潭出身窮苦，以賣餅過活。道悟從龍潭少時，便知道他具有英才，把廟旁的小屋借給他住，他為了表示感激，每天都送十個餅給道悟。道悟收了餅，每次都剩下一個給龍潭說：

「這是我給你的，希望你子孫繁盛。」

有一天，龍潭感覺到奇怪，心想：這明明是我送給他的餅，為什麼又送還給我，其中是否另有深意？於是便大著膽子去問道悟，道悟告訴他說：

「是你送來的，又還給你，這有什麼不對嗎？」

龍潭聽了後，頗有所悟，便決心出家，追隨道悟。過了一段時期，他對道悟說：

「自從我來到此間，未曾聽過你為我指示心要？」

道悟卻說：

「自從你來到此間，我沒有一時一刻不為你指示心要。」

他又問：

「你指示什麼啊！」

道悟說：

「你遞茶來，我接；你拿飯來，我吃；你行禮時，我點頭，處處都在指示你心要啊！」

龍潭低頭想了好一會。這時道悟又說：

「要是見道的話，當下就能見道。否則，一用思考，便有了偏差。」

聽了這話，龍潭才真正開悟。接著便問：

「要如何保養這種悟境呢？」

道悟回答說：

「只要順著你的自性，逍遙而遊；隨著一切外緣，放曠而行；本著平常之心，而沒有聖凡之分就可以了。」

後來，龍潭定居於湖南的龍潭，有個和尚問他：

「髮髻裏的真珠是為誰所得？」（這話正像基督教聖經中的「無價之珠」，是象徵深藏於現象界中的最高智慧。）

龍潭回答說：

「只有不賞玩的人才能得到它。」

對方再問：

「我們該把它藏在哪裏呢？」

龍潭便說：

「假如有地方可藏的話，希望你也告訴我吧！」

又有一次，某尼姑問龍潭她要怎樣修行下一輩子才能變為和尚，龍潭說：

「妳做了多久的尼姑？」

尼姑說：

「我的問題是，我是否有變和尚的一日？」

龍潭又問：

「妳現在是什麼？」

尼姑回答：

「現在我是尼姑，又有誰不知道呢？」

龍潭便說：

「誰知道妳。」

又有一次，儒生李翺問龍潭說：

「什麼是真如般若？」

龍潭回答：

「我沒有真如般若。」

李翺又說：

「我真是幸運遇到你這樣一位高僧！」

龍潭便說：

「連這話也是多餘的啊！」

3. 第三位，德山宣鑒（西元七八〇—八六五年）

德山是四川劍南人，俗姓周。早歲出家，便博閱律藏，精通《金剛經》，尤其對《青龍疏鈔》特別有研究，他常講《金剛經》，當時人都稱他為周金剛。後來他聽到南方禪學之風很盛，便大為氣憤不平的說：

「不知有多少出家人，花了多少年的功夫，去學佛的威儀和戒行，但都未必能夠成佛。南方這些小鬼頭，居然敢說直指人心，便可見性成佛。我要去搗毀他們的窟穴，殺盡他們的子孫，以報答佛的慈恩。」

於是他挑著《青龍疏鈔》，從四川走向湖南。在路上，遇到一個老太婆在賣餅，這時他又倦又餓，便放下了擔子，去向那個老太婆買點心。老太婆指著他的擔子問：

「這些是什麼書？」

德山說：

「《青龍疏鈔》。」

老太婆又問：

「是講解哪一部經的？」

德山回答：

「《金剛經》。」

老太婆便說：

「我有一個問題，如果你答得出，免費供給點心；否則，請到別的地方去買。《金剛經》中曾說：『過去心不可得，現在心不可得，未來心不可得』。不知你要點的是哪個心？」

德山被問得無話可說，只得餓著肚子直往龍潭。到了法堂上就大叫：

「我早就嚮往龍潭，可是到了這裏，潭也不見，龍也不現。」

龍潭走出來對他說：

「你已親到龍潭了。」

德山默然無語，但已決心在那裏住了下來。

有一天晚上，他隨侍在龍潭左右，龍潭對他說：

「夜已深了，還不回去嗎？」

德山道過晚安後，正要出去，又走回來說：

「外面太黑了。」

龍潭便點了一支蠟燭遞給他，當他正要去接時，龍潭突然把燭光吹熄，就在這時，德山大悟，便向龍潭禮拜，龍潭問他說：

「你見到了個什麼？」

德山回答說：

「從今以後，我對天下這些老和尚的話，不再有所懷疑了。」

第二天早晨，龍潭向大眾宣布說：

「你們當中有一個人，他的牙齒像劍樹，嘴巴像血盆，打他一棒，連頭也不回一下。將來他會跑到孤峯頂上去建立我的宗門。」

也就在當天，德山把《青龍疏鈔》在法堂上燒掉，而說：

「窮諸玄辯，若一毫置於太虛；竭世樞機，似一滴投於巨壑。」

這段故事不僅動人，而且極為深刻。使我們想起了老子所謂的：

「玄之又玄，眾妙之門。」

那時，夜是一片漆黑。但在燭光點亮後，又被吹熄時，則顯得特別的黑。當外在的光亮熄滅後，內在的光才射出了它的光輝。當然也需要因緣湊合的，唯有在德山的心靈早已成熟得可以開悟時才會如此。這就同所孵的小雞脫殼一樣，要等外面的母雞在蛋殼上啄了之後，牠才開始向外啐。

德山的燒掉《疏鈔》，以及認為所有最高深的哲學思辨只不過是太虛中的一根毫毛而已，他這種說法使我想起了聖托姆斯阿奎寧（St. Thomas Aguinas）臨終時，曾對那位催他繼續寫作的祕書說：

「我不再寫了，因為以我現在所見，以前所有的著作，都只是一束沒有價值的稻草而已。」

德山賦性激烈，在他未悟以前，曾拚命鑽研經書；後來聽到南方禪風甚盛，便聲言要搗其窟穴。可是當他轉入禪宗以後，又要激烈的打倒偶像。可見只有絕對的真如才能滿足他。終於在那個漆黑的可愛之夜，他發現了真我。這時，一切在他眼中都形同敝履。我們讀到他的許多語錄，其見解都是驚人的激烈，譬如他說：

「這裏佛也無，法也無，達摩是老臊胡，十地菩薩是擔糞漢，等妙二覺是破戒凡夫，菩提涅槃是繫驢橛，十二分教是鬼神簿，拭瘡膿紙，四果三賢，初心十地是守古墓鬼，自救得也無。」

在接引學生的方法上，德山的用棒和臨濟的用喝是齊名的，所以有「德山棒，臨濟喝」之稱。有一次，德山向學生們宣布說：

「你們說對了，要吃三十棒；說錯了，也要吃三十棒。」

這話傳到了臨濟耳中，臨濟便對他的朋友洛浦說：

「你去問他為什麼說對了也要吃三十棒。等他要打你的時候，你就抓住他的棒，向他一送，看他怎麼辦。」

洛浦依計而行，當他問完，德山要打時，便把棒抓住，往前一送。這時，德山沒有任何表情，只是靜靜的走回房間。洛浦回去後，把經過情形告訴臨濟，臨濟便說：

「我早就懷疑德山這人了。雖然如此，你是否對他有所認識呢！」

洛浦正想開口回答，臨濟舉手便打。

在德山臨終生病時，仍然是遊心於絕對之境。有人問他：「是否有永遠不病的人？」

他回答說：

「有。」

對方又問：

「如何才是永遠不病的人。」

他叫著：

「啊唷！啊唷！」

這就是說病人即是永遠不病的人。

4. 第四位　巖頭全奯（西元八二八－八八七年）

5. 第五位　雪峯義存（西元八二二－九〇八年）

德山的弟子不多，最特出的要推巖頭和雪峯兩人了。就精神的稟賦來說，巖頭高於雪峯。巖頭的思想鋒利有如刀片。他從來不佩服別人，甚至連他的祖師德山和龍潭也一樣。有一天，他去見德山，一進門便問：

「是聖，還是凡？」

德山便喝，於是他就向德山行禮而退。有人把這件事情告訴洞山，洞山說：

「除了巖頭，沒有人能夠承當得了啊！」

當巖頭聽到洞山的評語，便罵道：

「洞山這個老和尚，不識好歹，把我估價低了。他不知道那時，我正在一手抬著他（指德山），一手按著他呢！」

巖頭問德山「是聖是凡」的意思是說沒有聖凡之分，而德山的一喝也表明和巖頭的看法相同。至於巖頭向德山禮拜，一方面是表示他滿意德山的反應，一方面又要考驗德山如何反應。可是不幸德山卻像偶像似的坐著，接受禮拜，這表示他已自認為聖者。

在另外一段故事中，我們可以看出巖頭是極端的崇尚超越性。有一次，他和雪峯、欽山在一起閒談。雪峯突然指著一盆清水，欽山便說：

「水清月自現。」

雪峯卻說：

「水清月不現。」

巖頭默然不語，把盆踢翻而去。

從這段故事中，很清楚的看出欽山是肯定的，雪峯是否定的。至於巖頭把盆踢翻究竟代表什麼呢？也許他想用這一踢表明自己要超越肯定和否定。巖頭常常喜歡說「末後句」。在他的眼中，很少的禪師知道這個「末後句」。也許他這一踢，就是他的「末後句」。然而無論如何，他很少讓別人去說了「末後句」。

雪峯的思想不如巖頭敏捷，但由於他具有誠直、仁慈、忍耐、無私等美德，使他在禪宗史上成為一位了不起的禪師。他最大的特性，就是能夠讓別人去說「末後句」，而且對別人所說的，加以衷心的讚許。假如說巖頭有一顆光輝奪目的心靈的話；那麼雪峯便有一個偉大的靈魂。他正像一隻母雞孵出了不少傑出的學生，如雲門和法眼的祖師玄沙等。雲門和法眼這兩個禪學上重要的宗派都是由他一手開展出來的。至於巖頭卻始終沒有結出果來。

然而不可否認的，雪峯和巖頭都是德山的同門弟子，而且雪峯稱巖頭為師兄，他的悟道也是得到這位師兄的幫忙。有一次他們兩人一起旅行。當他們走到湖南鼇山時，正碰到大雪阻途，不能前進。巖頭整天不是閒散著，便是睡大覺，而雪峯總是在坐禪。有一天，雪峯想把巖頭喚醒，叫道：

「師兄，快起來。」

巖頭問：

「起來幹什麼？」

雪峯喃喃自語說：

「真倒楣，與這個傢伙一起行腳，被他拖累。我們到了這裏，他就一直只管睡。」

巖頭喝著說：

「閉你的嘴，去睡你的覺吧！你每天盤腿坐在床上，就像村莊裏的土地公，以後你將會誤盡那些善男信女。」

雪峯指著自己的胸口說：

「我這裏還不夠穩定，怎麼敢自欺欺人呢？」

巖頭奇怪的說：

「我本以為你將來要到孤峯頂上去建廟，宣揚大教，卻想不到你說出這種話來。」

雪峯回答說：

「實在是因為我心有未安啊！」

巖頭又說：

「真是如此的話，那麼你把所見的，一一告訴我。對的，我為你印證；不對的，我替你破除。」

於是雪峯便一五一十的告訴巖頭說：他如何在鹽官禪師那裏得到入門；如何在讀了洞山的悟道偈後有所感觸；以及問德山最上宗乘之事，而被德山打了一棒說：「你談些什麼？」使他當時有如脫底之桶，茫然無著。巖頭聽了雪峯的話後，便喝道：

「你沒有聽過嗎？從門入者，不是家珍。」

雪峯便問：

「那我以後怎麼辦呢？」

巖頭回答說：

「假如你要宣揚大教的話，必須一切言行都從自己胸襟中流出，去頂天立地而行。」

聽了這話，雪峯才真正的徹悟，於是便向巖頭行禮，大叫著說：

「師兄啊！今天在鼇山我才算真正的成道呢！」

後來雪峯做方丈時，門下有一千五百餘學生。某次，有個和尚問他在德山那裏學到了些什麼，他回答說：

「我空手去，空手歸。」

他在這裏指出一個真理，就是沒有人真正能從老師那裏得到什麼。這顯示了雪峯和其他的偉大禪師一樣的卓越。另一方面，由於身為那麼多學生的導師，他有責任勉強自己去適應學生們的需要。他必須把劍放在鞘裏面，不讓鋒芒外露。有人問他：

「假如箭露了鋒芒時如何？」

他回答說：

「才氣凌人的射手不能中靶。」

在這裏可見他也是傾心於道家的和光同塵之說。不過他深知專用一種方法常會障蔽初學者的眼目。所以有個和尚要他指示入禪的法門，他卻說：

「我寧願自己粉身碎骨，也不願蒙蔽任何人的眼目。」

雪峯善於認識別人的高明之處。他自認不如黃涅槃，而說：

「我住在三界，而你已超出了三界。」

他稱溈山為「溈山古佛」，稱赤州為「赤州古佛」。當三聖禪師問他：「用網也網不到的金鱗，應該用什麼為餌？」

雪峯回答：

「等你出了網以後，我再告訴你。」

三聖便說：

「想不到擁有一千五百弟子的老師，連話頭也不知道。」

雪峯自歉的說：

「這是因為我做方丈的事太繁忙了啊！」

又有一次，雪峯和三聖同去田間勞作，在路上看見一隻猴子，雪峯便說：

「每個人心中都有一面古鏡，這個猴子心中也有一面古鏡。」

三聖回答說：

「曠劫以來一切都是無名的，又哪裏有古鏡呢？」

雪峯回答：

「因為產生了瑕疵的緣故啊！」

三聖便說：

「你這老和尚，急個什麼，連話頭都不知道呢？」

雪峯又回答：

「這是因為我做方丈的事太繁忙了啊！」

顯然的，雪峯也和三聖一樣的知道話頭的重點，但他之所以說「古鏡」，說「瑕疵」，乃是為了初學者。他知道這樣做比較清楚。有一次，他問一位拜訪的和尚從哪裏來，對方說：

「覆船。」

他便說：

「生死之海還沒有渡過去，為什麼先要覆船呢？」

那位和尚不知雪峯談些什麼，便回去把經過告訴給覆船禪師，覆船對那位和尚說：

「你為什麼不告訴雪峯說：我已超越了生死呢？」

於是那和尚又去把覆船指示的話告訴雪峯，雪峯便說：

「我有二十棒，請你轉帶給覆船；另外有二十棒我留給自己吃。這一切與你無關。」

覆船的錯誤是偏於超越性，雪峯的錯誤是偏於內在性。老子曾說過：

「知其白，守其黑。」

雪峯知道彼岸，但他卻寧願留在此岸。唉！一個偉大導師的苦心孤詣真是不可思議的啊！

第九章　溈仰宗的祖師——溈山靈祐

溈山靈祐（西元七七一—八五三年）是百丈的學生，也是溈仰宗的創始者。他的開悟經過也很特殊。有一天，他正在伺候百丈，百丈要他撥撥爐中，看看是否有火。溈山撥了一下說看不到火。於是百丈就親自去深深的一撥，居然被他撥出了一點火星，便指給溈山說：

「這不是火嗎？」

聽了這話，溈山才恍然大悟。

這點深藏著的火星，正象徵了溈仰宗的禪風。後來溈山的學生仰山悟道時，很巧的，也是談到了這點靈火。據說那次仰山問溈山說：

「什麼地方是真佛的所在？」

溈山回答說：

「要想到那無思的妙處，要反照心中靈火的不朽。想到極點，又必須返本歸源，使你的本性和形相都永恆的合一不變，這就是真佛的如如之境。」

以筆者看來，現象界的相對和本體界的絕對是一致的，正如老子的「妙」和「徼」都是玄同的一體，這種深藏在我們身中的靈火，也正是老子所謂的「微明」，和「玄覽」。

假如臨濟和溈仰都與道家有血統關係的話，那麼以激烈的性格來論，臨濟是偏於莊子，以其成熟和寧靜來論，溈山和仰山卻是偏於老子的。

有個和尚問溈山：

「什麼是道？」

溈山回答說：

「無心是道。」

對方說：

「我不會。」

溈山回答說：

「你最好是去認識那個不會的人。」

對方又問：

「什麼是不會的人？」

溈山回答說：

「不是別人，而是你自己啊！」

接著，溈山又說：

「你們要能當下體認這個不會的，就是你們自己的心，就是你們嚮往的佛。如果向外追求，得到一知半解，便以為是禪道。這真是牛頭不對馬嘴。正如把糞便帶進來，弄污了你的心田，所以我認為這不是道。」

從這段對話中，我們便可以很清楚的聯想到老子所謂的「為道日損」了。

溈仰宗的一個最大貢獻，乃是仰山所分的「如來禪」和「祖師禪」。有一次仰山考驗他的師弟香嚴智閑，問他最近心得如何，香嚴作了首偈語說：

「去年貧未是貧，
今年貧始是貧，

去年貧猶有卓錐之地，
今年貧錐也無。」

仰山聽了後便說：

「師弟啊！我承認你尚懂得如來禪，至於祖師禪，恐怕你連夢都沒有夢到呢！」

於是香嚴又作了首偈語說：

「我有一機，
瞬目視伊，
若人不會，
別喚沙彌。」

聽了這首偈語後，仰山非常高興，便去報告溈山說：

「真令人興奮，師弟已懂得祖師禪了。」

假如我們把前面的兩首偈語作一比較，將可以看出禪的兩個層次，第一首偈子所說的雖然是精神生活的高度表現，但仍然只屬於信仰、禪定，和苦行的範圍；只要我們專心於沉思或讀經，都可以達到此一境界，這就叫做如來禪。至於第二首偈子卻已悟入了真我，仰山稱它為「人位」，以別於「信任」。這是一種超越了觀念，理性，甚至倫常等的精神境界。其中「瞬目視伊」是全偈的重心所在。這個伊，即是「他」、「那個」、「此」。這些代名詞都是被禪師用來直指玄妙的真我。

雖然禪學各宗都要證取這個內在的真我，但由於溈仰宗在我們身中撥出了這點「瞬目視伊」的靈火，使我們更確信「伊」就是我們自己。這點靈火（或玄妙的悟解），是機；真正的自我，是體；而開悟後的言語行為，是真我的「用」。這個真我和道的關係，正像印度婆羅門哲學中的自我之與梵天了。

溈仰宗的另一重要貢獻乃是；一方面固然強調頓悟，一方面也不廢漸修。某次，有個和尚問溈山：

「頓悟之後，是否還須修持呢？」

對於這個問題，溈山的回答是頓漸合一。這種看法也成為此後佛家哲學中一個極普遍的原則。由於溈山的這段話非常有意義，現在把原文摘錄如下：

「若真悟得本，他自知時，修與不修，是兩頭語，如今初心雖從緣得，一念頓悟自理，猶有無始曠劫習氣未能頓淨，須教渠淨除現業流識，即是修也，不道別有法教渠修行趣向，從聞入理，聞理深妙，心自圓明，不居惑地，有百千妙義抑揚當時，此乃得坐披衣自解作活計始得，以要言之，則實際理地不受一塵，萬行門中不捨一法。若也單刀趣入，則凡聖情盡，體露真常，理事不二，即如如佛。」

溈山好像是位天生的老師，他是非常的聰明、成熟，以及具有引導學生開悟的極大耐力。有一天，當仰山（此時，他還未悟道）正在採茶，溈山對他說：

「我們採了一整天的茶，我只聽到你的聲音，卻沒有看到你的形體呢！」

聽了這話，仰山便搖著樹，於是溈山又說：

「你只知道它的用，而沒有得到它的體。」

仰山不服氣的說：

「那麼老師你要怎樣呢？」

溈山沒有回答，沉默了很久，仰山又說：

「老師，你是只得到它的體，而不知道它的用。」

溈山便說：

「我要送你三十棒。」

仰山反駁說：

「你的棒，給我吃；我的棒，要給誰吃？」

溈山又說：

「再送你三十棒。」

當然，這個內在的真我，無論是六祖所謂的自性也好，本來面目也好，或他們兩人所說的體也好，因為是不可見的，所以也是無法表達的。仰山的搖樹顯然是以用去表達內在的真我，很多禪師卻寧願用沉默，或打消的方法來表達。在這裏，仰山並未犯了嚴重的錯誤。可是當他說溈山只知體而不知用時，卻犯了一個根本的錯誤，因為用是包含在體中，沒有無用之體。這也就是溈山之所以無論如何，總給仰山吃三十棒了。

在這裏，我們又可以看到溈仰宗的另一動人的特色。就是本宗的禪師們，據記載很少是用棒喝來接引學生的。只有一次例外，某天，溈山對大家說：

「你們這些人，都只知道大機，而不知道大用。」

仰山便把這話去問山下的庵主說：

「老師是這樣說的，究竟他的意思是什麼？」

庵主要仰山再說一遍，當他正想開口時，庵主就把他一腳踢倒。於是仰山便回去把經過告訴溈山，溈山聽了大笑不已。

無論如何，這個庵主究竟是否屬於溈仰宗的人物，是值得懷疑的。至於溈山對學生的痛苦經驗報以大笑，也許是出於幽默。但要是被一個身強力壯的人踢了一腳，或打了一掌，可真不是幽默的味道了。

溈山這種如慈父般的溫和，只是一種表面的掩飾而已，骨子裏卻是非常激烈的。有一次，當溈山正在打坐，仰山走進他的房間，他便問：

「孩子，你快點說啊！不要走入陰界。」

他說這話的意思是要仰山快點開悟，而不要執著於文字和概念。仰山便回答：

「我連信仰都不要呢？」

溈山又問：

「你是相信了之後不要呢，還是因為不相信才不要呢？」

仰山回答說：

「除了我自己之外，還能信個什麼啊！」

溈山又說：

「如果是這樣的話，也只是一個講究禪定的小乘人罷了。」

仰山反駁說：

「我連佛也不要見。」

於是溈山又問：

「四十卷《涅槃經》中，有多少是佛說的，有多少是魔說的。」

仰山回答說：

「都是魔說的。」

聽了這個答案，溈山非常高興，便說：

「此後，沒有人能奈何你了。」

這段話使我想起了何穆法官有一次對我說：

「在任何哲學體系裏，基本的觀念都是最簡單、清楚的；但所用以表達的文字，卻是一個欺人的惡魔。」

假如我們永遠不忘「文字是惡魔」的話，那麼我們讀任何東西，都不致為文字概念的網所束縛了。

以筆者看來，仰山的思想比他的老師更為敏銳。有一天，他們兩人走到田間，溈山對仰山說：

「你看，這一塊田，這邊高，那邊低。」

仰山說：

「錯了，是這邊低，那邊高。」

溈山又說：

「你如不信的話，我們站在中間，往兩邊看看，到底哪邊高。」

仰山便說：

「不要站在中間，也不要只看兩邊。」

溈山又說：

「讓我們用水平來量，因為沒有東西比水更平的了。」

仰山卻說：

「水也沒有一定的體性，它在高處是平的，在低處也是平的。」

溈山被仰山答得無話可說了。

溈仰宗的風格是非常吸引人的，它雖然不像臨濟和雲門宗那樣的機鋒峻烈，不像曹洞宗那樣的穩順綿密，也不像法眼那宗那樣的思路開闊。但比它們卻更為深入。香嚴的悟道是一個很好的例子。香嚴本是百丈門下的學生，那時他雖然才氣煥發，思辨敏捷，博通經典；但始終未悟禪道。百丈死後，他便追隨百丈的大弟子溈山。溈山對他說：

「你在先師百丈處，聽說是問一答十，問十答百，這是因為你聰明伶俐，智解辯捷，但生死事大，請你告訴我在父母未生前，你是怎樣的？」

這話問得香嚴茫然不知所對。回到了房內，便把平時所看過的書翻出來，要尋一句來對答，但總是找不到一句適切的話，因而感慨的說：

「畫餅究竟不能充饑啊！」

此後，他曾屢次要求溈山替他說破這個祕密，可是每次溈山都說：

「如果我現在替你解說，將來你一定會罵我。不論如何，我所說的只是我的，跟你又有什麼關係呢！」

香嚴非常失望，便把所有的書都燒了說：

「這一輩子我不再學佛法了，還不如做一個到處去化緣乞食的和尚吧！」

於是他揮淚離別了溈山。經過南陽地方時，便去參拜慧忠國師的遺跡。在那裏暫住下來。有一天，當他正在剷除草木時，偶然的拋一塊瓦礫，擊中了竹子，發出清脆的一聲。這一聲突然的把他帶入了悟境。於是他便回房沐浴焚香，向著遠空遙拜說：

「師父啊，你對我的恩惠勝於父母，如果當時你為我說破了這個祕密，哪有今天的頓悟呢！」

筆者常想，不知有多少可造的天才被埋沒了，就是由於老師們解說得太多。因為這一切必須求之於他們自己的經驗。就以溈山所表現的來說，他的偉大還是在於他的未曾替人說破。

溈仰宗雖然只傳了五百餘年，但它的精神卻是不朽的，它的許多悟解都成為禪學上極重要的思想。筆者對於他們師生間那種敏捷的幽默，和平靜的對答極有興趣。例如：某次，當仰山度完暑假回來看望溈山，溈山問他：

「孩子，我已有一個暑假沒見你了，你在那邊究竟做了些什麼啊！」

仰山回答：

「啊！我耕了一塊地，播下了一籃種子。」

溈山又說：

「這樣看來，你這個暑假未曾閒散過去。」

仰山也問溈山這個暑假做了些什麼？溈山回答：

「白天吃飯，晚上睡覺。」

仰山便說：

「那麼，老師，你這個暑假也未曾白度過去呢！」

說了這話，仰山發覺自己這話有點譏諷的味道，因此便不自覺的伸出了舌頭。溈山看到仰山的窘態，就責備他說：

「孩子，為什麼你看得那麼的嚴重呢！」

這段話是說：一個人如果對於自己所說的那些合於禪理的話，而感覺到很窘；這正表示他猶有俗態。因此，我們至少要忘了那些庸人自擾的舉動。沒有理由伸舌頭，也沒有理由去責備。即使需要嚴厲的責備，也應出之於溫和幽默的態度，唯有這樣，才能深入。

在仰山做了方丈之後所說的話中，我們可以看出他受溈山感染之深。下面所引他的一大段話，可以說是整個溈仰宗思想風格的縮影：

「汝等諸人各自迴光返照，莫記吾言。汝無始劫來，背明投暗，妄想根深，卒難頓拔，所以假設方便，奪汝麤識，如將黃葉止啼，有什麼是處，亦如人將百種貨物與金寶作一鋪貨賣，只擬輕重來機，所以道石頭是真金鋪，我這裏是雜貨鋪，有人來覓鼠糞，我亦拈與他，來覓真金，我亦拈與他……索喚則有交易，不索喚則無，我若說禪宗，身邊要一人相伴亦無。豈況有五百七百眾耶。我若東說西說，則爭頭向前采拾，如將空拳誑小兒，都無實處，我今分明向汝說聖邊事，且莫將心湊泊，但向自己性海如實而修。不要三明六通，何以故，此是聖末邊事，如今且要識心達本，但得其本，莫愁其末，他時後日自具去在，若未得本，縱饒將情學他亦不得。」

第十章　曹洞宗的祖師——洞山良价

曹洞宗的建立者是洞山良价（西元八〇七—八六九年）和他的學生曹山本寂（西元八四〇—九〇一年）兩人。我們之所以稱本宗為曹洞，而非洞曹，這並不是因為學生比老師更重要，而是由於學生所住持的曹山，和六祖的曹溪同一個曹字，因此為了尊崇六祖，所以叫做曹洞。

洞山是浙江會稽人，俗姓俞。幼時便出家做和尚，他的老師教他念《般若心經》。當他讀到：「無眼耳鼻舌身意處」時，便突然用手捫住了臉問：

「我就有眼耳鼻舌等，為什麼經中卻說沒有呢！」

那位老師對於他的問題，不禁大為驚駭。

這個小插曲是頗有意義的。雖然洞山這時思想尚未成熟，但他這種獨立的精神卻是追求真理所不可缺少的。在當時一般的學生都不會懷疑神聖的經書有錯誤，唯獨洞山不願被任何人、任何書所蒙蔽。這使得那位老師大為驚駭而說：

「我不配做你的老師。」

洞山在二十歲以前信念還沒有確定，因此他必須遊化各地去拜師問道。他第一個參拜的是馬祖最得意的學生南泉。那天正是馬祖逝世紀念日的前夕，南泉對大家說：

「明天我們為馬祖設齋，不知馬祖是否會來。」

大家聽了都默然無語，洞山卻站出來說：

「等到有伴，他就會來。」

南泉聽了便說：

「這和尚雖然年輕，卻頗堪雕琢。」

洞山不以為然的說：

「大和尚，可別壓良為賤啊！」

在這裏他又表現出那種獨立的精神。事實上，以內在的真我來說，根本是不能雕琢的。

他第二個參拜的是溈山，他問溈山是否無情之物真會說法。如果無情會說法，為什麼我們卻聽不見他說法呢？經過了一番討論，最後，溈山說：

「我父母所生的嘴巴，不是替你解說的。」

聽了這話，洞山迷惑的問：

「那麼，是否另外還有得道之人，我可以向他去求教呢？」

於是溈山便介紹洞山去見雲巖曇晟（西元七八二—八四一年），見到雲巖，他便直截了當的問：

「無情說法時，誰能聽到？」

雲巖立刻回答：

「無情能聽到。」

洞山再問：

「你能聽到嗎？」

雲巖說：

「假如我能聽到的話，我便成了法身，那麼，你就聽不到我的說法了。」

洞山仍然不解的問：

「我為什麼聽不到呢！」

雲巖便舉起了拂塵說：

「你聽到嗎？」

洞山回答：

「聽不到。」

雲巖便說：

「我說法，你都聽不到，更何況無情說的法呢？」

洞山又問：

「無情說法出自何典？」

雲巖回答說：

「《彌陀經》中不是說：『水鳥樹林，悉皆念佛念法』嗎？」

聽了這話，洞山心有所悟，便作了首偈子說：

「也大奇，也大奇，無情說法不思議，
若將耳聽終難會，
眼處聞聲方得知。」

接著雲巖又問洞山說：

「現在你很高興，是嗎？」

洞山回答：

「我豈敢說不高興，我高興得正像在垃圾堆中，撿到了一顆明珠。」所謂明珠，當然是指新的悟境，至於垃圾堆可能是剩餘的積習。他自認這些積習還存留在心中。

當洞山辭別雲巖時，雲巖對他說：

「自此一別，恐怕很難再相見了。」

洞山卻說：

「是難得不相見呢！」

臨行時，洞山又對雲巖說：

「在你離開世間後，如果有人問起關於你的情形時，我將怎麼回答呢？」

雲巖沉默了好一會，才說：

「就是這個。」

聽了這話，洞山沉吟了一會，雲巖接著說：

「你須承當大事，自己要小心啊！」

於是洞山走上了行程，路上玩味著老師的那句：「就是這個。」後來，當他渡河時，偶然的看到河中自己的倒影，使他突然間徹悟了所謂「就是這個」的真意，便把心得寫成了下面一首偈子：

「切忌從他覓，
迢迢與我疏，
我今獨自往，
處處得逢渠，
渠今正是我，
我今不是渠，
應須恁麼會，
方得契如如。」

這裡所謂如如，也就是《道德經》中的常道，印度教中的梵天，和《舊約》中的「我是自有者」。其中最有意義的兩句是：

「渠今正是我，
我今不是渠。」

很顯然的，「我」和「渠」之間有顯然的差別。渠是我，而我不是渠。這正像說，雖然上帝是比我更真的我，但我不是上帝，我和渠之間的關係，正如自我之於梵天，真人之於常道了。

這首偈子不僅在佛學中，而且在世界所有描寫精神的文字裏，都是稀世的珍寶。它給予我們一種開闊的視界，一種活生生的經驗。這境界是明澈的，又是深湛的，正如杜甫的詩句：

「秋水清無底。」

在這首偈子中，你可以看到這位特立獨行，而又平實樸質的洞山，已邁入了一個新的境界。他是孤高的，也是隨俗的，他達到了絕對的一，但並不完全遺棄了多，他超然物外，但卻步步踏實。他所契合的如如，使他又回到此時此地的「現在」。

當他走到泐潭的時候，看見一位名叫初的首座在對大家說：

「也大奇，也大奇！

佛界道界不思議。」

洞山便問：

「我不問道界佛界，只問剛才在說佛界道界的是什麼人？」

初首座默然無對，洞山又說：

「為什麼不快說呢？」

初首座說：

「快了就無所得。」

洞山便說：

「你說都未曾說，還談什麼快了就無所得。」

初首座又是無話可說，洞山便接著說：

「佛和道，都只是名詞而已。為什麼不引證教義來看看呢。」

初首座便問：

「教義是怎麼說的？」

洞山回答說：

「得意忘言。」

洞山這句話引自《莊子》書中，是值得重視的；因為這不但證明他的思想是兼容並包的，而且也說明了禪和道之間的密切關係。

大約在西元八六〇年，洞山五十餘歲時，便做了江西洞山的方丈。有一次，在雲巖的逝世紀念會上，有個和尚問他說：

「師父，你在雲巖處是否得到了什麼特別的指示？」

洞山回答：

「我雖然在他那邊，卻沒有得到指示。」

對方又問：

「既然如此，你為什麼還要設齋供奉他呢？」

洞山回答：

「我豈敢暗地違背他？」

對方又問：

「師父最先拜見的是南泉，為什麼卻替雲巖設齋？」

洞山回答：

「我並不是尊重雲巖的道德佛法，只是尊重他沒有替我說破這個祕密。」

對方又問：

「師父替先師設齋，是否完全同意先師的見解呢？」

洞山回答：

「一半同意，一半不同意。」

對方又問：

「為什麼不全部同意呢？」

洞山回答：

「如果照你所說全部同意，那我便完全辜負了先師之意。」

由此可見他到了年長時，仍然沒有鬆懈他那特立獨行的精神。其實，學生必須比老師更為伶俐，才能得到老師的傳燈，這也正是禪宗的一個傳統。

有和尚問洞山：

「在冷天或熱天裏，我們要到哪裏去躲寒避暑？」

洞山回答：

「為什麼不到不冷不熱的地方呢？」

對方又問：

「那是什麼地方？」

洞山回答：

「那地方是，冷時凍死你；熱時烤死你。」

從這裏，我們可以看出洞山是何等有耐心、何等思路敏捷的一位老師啊！在他手上，即使是一個微不足道的問題，也會被他當作跳板，跳入了玄妙的智慧之海。

洞山的脾氣比較平和，不會用棒用喝。也不會叫人去苦參公案。他的對話都是平易而深刻的，正像橄欖一樣，愈嚼愈有味。例如，有個和尚問他說：

「先師雲巖是否曾說過：『就是這個』？」

洞山回答：

「是。」

對方又問：

「你知道他的意思嗎？」

洞山回答：

「當時我差點就會錯了意呢！」

對方再問：

「不知先師自己是否知道『有』『這個』？」

洞山回答：

「假如他不知道『有』，他怎麼這樣說；假如他知道『有』，他怎麼肯這樣說。」

所謂「這個」是指的真我，「有」是指實有。嚴格的說，真我和實有都不是能用語言表達的。因此一個人當他體悟到真我或實有時，他同時也體悟到這是不能用語言表達的，即使「這個」兩字，也嫌多餘。在這裏，我們可以看出洞山暗示給對方的是什麼了。作為一個偉大的禪師，他的教授法，並不是提供出自己的見解，而是用問題去刺激學生，讓他們自己去想，去自尋解答。學生自己所發現的解答，遠比老師教給他的，更有價值。

任何人提到洞山和曹洞宗的思想都會注意到「五位君臣」的原理。像這種原理，並不是曹洞宗的中心思想。它們只是接引根機較差學生的一種權宜的方法而已。遺憾的是禪宗史家們總是常把權宜方法當作基本原理，而忽略了根本的精神。

為了說明這點，我們特別把「五位頌」的原理加以簡單的分析，（事實上，關於「五位頌」的看法，洞山和曹山都各有其觀點）。洞山所提出的「五位」是

1. 正中偏
2. 偏中正
3. 正中來

4.兼中至

5.兼中到

這「五位」是指精神開悟的五個階段，現在分別討論如下：

1.第一階段：

在這階段中，學生不知自身就是本體，而只注意到現象；他不知自己本是主人，而偏要去作客。但實際上，本體和現象合成一個活的整體，即是老子所謂的玄同。因此如果你從現象方面，窮索其間的法則和關係；也許照樣能幫助你上天入地，直達本體。沒有一個人研究現象，而不會漸漸感覺到心的作用。在客觀中發現主觀，就是自我發現的開始。同樣，在道德方面，一個人起初總是染於習俗，以為那樣是神聖的，普遍的；可是後來經驗逐漸豐富，才發現最熟悉的未必對，而不常見的未必錯。他被這種道德標準的混亂現象所迷惑，不得不返向內心，去尋求理性意識的指導。這一來，他便逐漸的發現自己是主人，而不是奴隸。但在這個時期，舊的積習仍然很難完全破除。

洞山曾替這階段作了一首頌說：

「正中偏，
三更初夜月明前，
莫怪相逢不相識，
隱隱猶懷舊日嫌。」

2. 第二階段：

在這階段中，我們已由現象看到本體。這是一個返回內心的轉變。你已看到了曙光，正像看到故友似的，你不再為過去痛苦的經驗所煩惱。以前你認賊作友，現在卻不再受騙了。你已看透虛幻的世界，悟入了真實不變的本體。這一階段，即是頓悟的經驗。

洞山曾替這階段作了一首頌說：

「偏中正，
失曉老婆逢古鏡，

分明覿面別無真，
休更迷頭猶認影。」

3. 第三階段：

由於在前一階段已經開悟；因此這時，他已是真正的自己，他是真人，至人，主人，王公。他已完全進入了「人位」，可以稱為「道人」。現在這位道人又要回到現象世界，為眾生而工作，而說法。這第三階段可以稱為「正中來」。從本體回來的人，雖然到了現象世界，但卻不是屬於現象世界。洞山曾為這階段作了首頌說：

「正中來，
無中有路隔塵埃，
但能不觸當今諱，
也勝前朝斷舌才。」

這首頌是說，他了解要把自己親身的體驗，告訴那些未悟的人，是不太可能的；他也了解用清楚易記的公式來代替事物本身，是會產生很大的偏差。這也正是禪師們之所以常用否定法，而不願沿襲舊規。有時，他們用有趣的寓言、標新立異的話，甚至於用棒、用喝、用無意義的回答等去對付所提出的重要問題。而不採用那種令人產生錯覺，或使人厭煩的呆板定義和系統的觀念。偉大的禪師只有一個目的，就是喚醒學生的潛能，使他們想到自己，想想自己是誰。至於他們是否已運用了最完美的方法，那又是另一回事了。

4. 第四階段：

當悟道者深入到現象世界後，他感覺此刻比以前更自在，他體驗到煩惱就是菩提。以前他只是在理智上了解本體和現象是合一的，現在他已是親身具有這種經驗了。他看出本體現象同屬相對的範圍，不是絕對的。正如老子所謂的妙（本體）和微（現象），共出於玄同。這個玄同是比本體和現象更先更高的。事實上，本體和現象都是從同一個根源中流出的河川，只是人們加以不同的稱呼而已，其實它們本身並沒有真正的差別。開悟後的人並不是只有一個本體的自我，而是和現象融為一個整體的。他並不只希冀著本體，而是要從事物身上，「上窮碧落下黃泉」的，直探到無極之境。我們如果讀到洞山所作的頌，對於這點將更為明瞭：

「兼中至，
兩刃交鋒不須避，
好手猶如火裏蓮，
宛然自有沖天志。」

5. 最後階段：

這時，他的心已由本體和現象的融合，而到本體和現象的一體。在前一個階段時，仍然有超然物外的希望，這可以稱為「超宇宙」，而現在卻更進步了，可稱「超以象外，得之寰中」。因為一個人達到了超然境界之後，他卻必須回到這個本體現象合一的世界，這纔是「百尺竿頭須進步」的真義。在前一階段，他是英雄；但這時，他發現了地上的樂園，發現生活上任何極平凡的事，都是最神聖的。這便是煩惱即菩提的境界。正如洞山的頌：

「兼中到，
不落有無誰敢和，
人人盡欲出常流，
折合還歸炭裏坐。」

所謂「炭裏坐」，是說完全包圍在黑暗中。洞山把這境界當作精神發展的最高峯，比起前面的階段來，也許有人以為有點虎頭蛇尾之感。其實一個精通玄妙的人，如果他最後所發現的，和以上所說的完全不同的話，那才真是令人詫異呢！所以即使是在極度神祕境界中，這種不平凡的平凡對他卻是非常有用的。他是和老子、莊子、普羅泰奴斯（Plotinus）、愛克哈特（Meister Eckhart）和十字若望是同一個境界。老子說：「知不知上。」那些崇尚玄黑的禪師都和老子的見解相呼應。洞山所說的「炭」，也只是玄黑的一種象徵。他曾說：

「有一物上柱天，下柱地，黑似漆，常在動用中。」

這簡直像一個謎語。其實，這不只是謎；而是道，而是玄同。

另外，洞山又提出五個階段，叫做：

1. 向
2. 奉
3. 功
4. 共功
5. 功功

顯然這是指導學生精神修鍊的一個方位藍圖。

⑴ 向：

禪師必須非常仁慈，他的行為和智慧才能受學生的愛戴，也才能實現他的理想。洞山曾作偈說：

「聖主由來法帝堯，
御人以禮曲龍腰，
有時鬧市頭邊過，
到處文明賀聖朝。」

在政治舞臺上，這也許是最高的成就了。但在精神的層次上，這還只是一個開始。

(2)奉：

學生必須全心全意的集中於禪思，並接受嚴厲的訓練。以前的熱情只是浮光掠影，現在卻炬火內燃，漸達爐火純青之境。洞山曾作偈說：

「洗淨濃妝為阿誰，
子規聲裏勸人歸，
百花落盡啼無盡，
更向亂峯深處啼。」

這首偈子需要略為註解。在第一句中，我們可以看出這位學生已開始畢生的探索，他已洗盡了一切粉飾，可是這樣做究竟為了誰呢？這答案是在第二句中，不是禪師逼他這樣做，而是一種奇妙的聲音催他回去。這聲音是用杜鵑的啼聲來象徵，因為在中國詩話裏，認為杜鵑的聲音是「子歸！子歸！」可以喚起遊子的思鄉之情。但這位學生聽到的又是誰的聲音呢？

也許是他的兄弟、姊妹、愛人、朋友、或雙親的聲音。總之是和他非常親近，而無私心者的聲音，是提醒他不要再作這種無目的的浪遊。這聲音不是冷酷的，而是像夏天的習習涼風那樣溫柔，溫柔得令人軟綿綿地無法抗拒。但究竟是誰的聲音呢？

在這個階段中，學生關心的是所傳來的信息，而不是發信息的是誰？他仍然是在「信位」，尚未進入「人位」。這個信息是要他回家，但和尚卻是出家人。是否杜鵑的啼聲，要他回到離棄了的家中？當然這是不可能的。那麼，究竟要他回到什麼家呢？是要他回到內心的家，這種反觀是內在生活的開始。

最後兩句是說，經驗豐富的老師將會告訴學生：他不是唯一需要回家的遊子，即使精神生活發展到最高的境界，仍然還是在回家的路上。這種說法使學生不致猶疑，因為那將使他們了解在回家途中，不是他孤獨的一人，而是有很多好的行伴。

(3) 功：

這一階段是寧靜的、快樂的。寧靜是由自己努力得來的，而快樂卻是意外的收穫，洞山曾有偈說：

「枯木花開劫外春，
倒騎玉象趁麒麟，
而今高隱千峯外，
月皎風清好日辰。」

這風景是多麼美麗，多麼安靜啊！筆者的任何註解都會沾汙了它。不過只有第二句需要略作說明。所謂玉象是象徵道的作用，麒麟是指最終目標的道。現在，求道的人已進入了完全被動的途徑，任「道」帶著他去。所謂「倒騎」是說像赤子般真誠的信託母親，這完全是一種被動的精神，這樣才是「無為而無不為」。

(4) 共功：

前面的階段是枯木開花，是高隱千峯外，而這一階段卻是清泉流滿了三界，正如洞山的偈子：

「眾生諸佛不相侵，
山自高兮水自清，
萬別千差明底事，
鷓鴣啼處百花新。」

這首偈子可以說是《莊子・齊物論》的一個縮影。有一次洞山曾說：

「唯有體驗到超佛之事的人，才能和他談談。」

當時有和尚問：

「什麼是超佛之人？」

洞山回答說：

「非佛。」

在這個超佛之人眼中，佛和眾生都沒有什麼大差別，這是該偈第一句的意思。在第二句中，關鍵在於這個「自」字，山高水深，「干卿底事」，你無須去過問它們的存在，也無權去判斷它們，或者去區分它們。你憑什麼去非難別人的奴僕？你有什麼資格，把主當作客來批判。要知道：「己所不欲，勿施於人。」

由於你已泯滅了分別意識，你便會像鷓鴣一樣「啼處百花新」。

⑸功功：

在第三個階段中，你是單獨的「功」；在第四個階段中，你是與萬物「共功」。但洞山的精神卻並不止於此；他像一隻清晨的雲雀，一直向上飛翔，直到牠不能再飛。他這種經驗也不是肯定的：

「頭角才生已不堪，
擬心求佛好羞愧，
迢迢空劫無人識，
肯向南詢五十三。」

當他好不容易剛露了頭角，有點自得時，卻立刻感覺到羞慚，這似乎是很苦悶的事啊！不過這種苦悶接著便很快的被消解了。因為我們雖不能真正認識自己，但空劫以來，也沒有人認識他自己。其實那個自己不是我們知識的對象，不是讓我們去知的，因為他就是我們自己。

洞山把這首偈語當作精神修養的極峯，正說明了他和羅漢桂琛的「不知最親切」是同一見地。

在這裏，我們要一提默燈對莊子思想的一段描寫：

「莊子把生命看作一個神祕的整體，它的神祕不是用明確的原理所能把握，不是用邏輯的辯證所能了解，也不是用社會的習俗，和人品德行所能充實的。他要追求那個不能表達的，但卻是活潑潑的，就是那不可名的道。」

由於洞山是屬於石頭的法統，而石頭和莊子思想有密切的關係，因此默燈描寫莊子的話，也是非常適合於洞山的。

洞山的最終理想，甚至於要超越了悟，正如他說：

「天真而妙，不屬迷悟。」

它是超越了任何兩邊之見的，如主和客、本體和現象、默和言、肯定和否定、為和無為、敏和漸、動和靜、內和外。從下面一句話中，可以看出他思想的精妙，他說：

「真常流注。」

他很多精妙的思想都是在他寫給曹山的長偈中。不過這些都是思解的，而不是實證的。因為它們都是觀念化的，而不是像他悟道偈那樣的屬於心的證悟。他給曹山的偈子中，寫得最精彩的是後面兩句：

「潛行密用，
如愚如魯。」

在這裏，可以看出洞山是怎樣一位敏捷、老練的導師了！在他的血液中流動著的，不僅是老子的深邃悟力，而且是老子的老練圓滑。

在表面上看，洞山反覆強調精神生活的五個階段，和他的祖師青原的「不落階級」是背道而馳的。但我們要了解，到了洞山手上，它們才被公開的當作一種方便說法。只要把它們看作一種權宜的方法，它們也自有其重要的地位。否則，把它們誤作基本的原理，自然會變成一種棘手的障礙了。

洞山之所以成為偉大的老師，特別是在於他知道學生的需要，他終其一生都是一位毫無私心的老師，在他臨終前的一幕更是非常的動人。那是在西元八六九年的春天，他病倒了。有個和尚問他：

「師父有病是否還有不病的體呢？」

洞山回答：

「有。」

對方又問：

「不病的體，是否看得見師父呢？」

洞山回答：

「是我在看他。」

對方又問：

「不知師父怎樣看他？」

洞山回答：

「當我看時，看不到有病。」

這種把不病看作真我，正是禪的方法。換種說法，只有化身會生病，法身卻是永遠健康、圓滿、不生、不死的。

當洞山感覺到要死時，他便洗臉沐浴，穿上長袍，敲鐘向大家辭別，然後端坐著不再呼吸。大家看到這情形，都如喪考妣似的大哭，突然洞山張開了眼，對哭泣的和尚說：

「出家人要能心不染著於物，才是真正的修行，勞生息死，是人的常情，悲慟又有什麼益處呢！」

於是他便叫主事的人辦「愚癡齋」。僧徒們知道齋後，便要離別親愛的老師，都不敢速辦。一直拖了七天，才把齋食辦好，洞山和他們共吃。餐後，又對他們說：

「清靜一點，不要吵我，做一個僧徒，當別人臨終時，千萬不要喧動。」

於是，他回到方丈室，端坐長逝。最令人難忘的是他一直到臨終仍然保持著那種特立獨行，而又平實質樸的精神。

第十一章　臨濟宗的祖師——臨濟義玄

一提到臨濟義玄，我們便會想到他那徹底、倔強的個性，和求道的熱情。他是山東曹縣人，俗姓邢。我們不知道他生於哪一年，大約九世紀初，死於西元八六六年，或稍後。

從臨濟的賦性來看，他是一個道地的北方人。幼年時，便立志出家，虔誠求道。雖然他後來的開悟也是很突然的，但在通向悟道的路上，卻是歷盡了艱辛。

在他落髮受戒時，便已嚮往禪宗。大約在二十歲左右，他到了安徽，投奔在黃檗門下。當時，睦州道明已是僧眾的首座。深感臨濟的性行純一，早就對他另眼看待，後來發現時機成熟，便問他說：

「你來此多久了？」

臨濟回答：

「三年了。」

睦州又問：
「曾經問過方丈嗎？」
臨濟回答：
「沒有，我不知道要問個什麼？」
睦州便說：
「你為何不去問他，什麼是佛法的大意。」
於是臨濟依照睦州的指示，便去問黃檗。當他還未問完，黃檗拿棒就打。
臨濟只得退了回去，睦州便問他：
「他怎麼回答你？」
臨濟把經過一五一十的告訴睦州，並說他無法了解黃檗莫名其妙的舉動。
睦州再催他去問。這樣臨濟來回的一共問了三次，卻挨了三次打。至此臨濟深感自己無法了解，還不如離開為妙。於是便忍氣吞聲的去見睦州說：
「以前承蒙你激勵我去問佛法，使我屢次吃師父的棒子。自恨前世的障緣未了，不能徹悟玄旨，因此只有離開這裏。」
睦州便說：
「在你離開前，應先向師父告辭。」

等臨濟走後，睦州趕緊搶先跑到黃檗處說：

「問話的那個和尚，雖然年輕，但此人很奇特，請你給他方便指點，將來他一定會變成一棵大樹似的，覆蔭天下眾生。」

過了一會，臨濟便來向黃檗告辭，黃檗說：

「你不必到別處去，只要到高安灘頭，去參見大愚，我想他一定會指點你。」

當臨濟到了大愚那裏，大愚問他：

「你從哪裏來？」

臨濟回答：

「從黃檗處來。」

大愚又問：

「黃檗告訴了你一些什麼？」

臨濟回答：

「我三次問他佛法的大意，三次挨打，我不知自己究竟錯在哪裏？」

大愚說：

「黃檗也真是老婆心切，為你這樣徹底的解除困惑。但你居然還到我這裏來問有無過錯。」

聽了這話，臨濟恍然大悟，便說：

「原來黃檗的佛法就只有這麼一點！」

大愚一把抓住臨濟說：

「你這個尿床的小鬼，剛才還來問你自己有無過錯，現在卻說黃檗的佛法就只有這麼一點。你究竟看到了些什麼，快說！快說！」

臨濟不答，卻在大愚肋下築了三拳，大愚把他推開說：

「你的老師是黃檗，與我何關！」

臨濟離開大愚後，便再回到黃檗處。黃檗看他回來，就說：

「這傢伙，來來去去，沒有一個了期。」

臨濟便說：

「只因為老婆心切。」

於是把自己的經過和大愚的話全盤告訴了黃檗，黃檗罵著說：

「大愚這個老傢伙真是多嘴，等他來時，我要痛打他一頓。」

臨濟接著說：

「還等什麼，現在就打！」

於是便給了黃檗一掌，黃檗大叫：

「你這個瘋子，居然敢來這裏捋虎鬚。」

臨濟便喝。黃檗就叫人帶他回堂去。

某天，他們正要去田間工作，黃檗拿了一把鍬，看見臨濟空手跟在後面，便問：

「你的鍬在哪裏？」

臨濟回答：

「有人帶走了。」

黃檗便說：

「你走過來，我要和你商量一些事。」

臨濟走向前去，黃檗把鍬豎在地上說：

「就是這個，世上沒有人豎得起。」

顯然，黃檗以鍬來暗示禪的傳燈。臨濟立刻領悟黃檗的意思，便把鍬奪過來，豎在地上說：

「為什麼卻在我的手裏呢！」

這也是象徵的說，掌法之權已落在他的手中。於是黃檗便退回去對大家說：

「今天已有人帶你們去工作。」

這是說他已發現臨濟能夠代他的地位，他可以安心的退休了。

又有一次到田間工作，臨濟正在掘地，看見黃檗走過來，便站起來，靠在鍬上。黃檗有意要考驗臨濟，而說：

「這傢伙大概累了。」

臨濟卻說：

「我連鍬都未曾舉過，又怎麼會累呢？」

黃檗舉棒要打，臨濟接住棒的一端，往回一送，把黃檗摔倒在地上。黃檗便叫在旁的和尚扶他起來，那和尚說：

「師父怎麼容這瘋子如此的無禮呢！」

黃檗起來後，便打那個和尚。這時，臨濟一邊繼續掘地，一邊說：

「諸方火葬，我這裏活埋。」

這是多大的口氣啊！好像幼獅的第一聲怒吼。他說這話的意思是指那個舊的、塵俗的我，現在已經死了，被活埋掉。只有這個真我是永遠的活著。我們要在軀殼未消滅前，就應死去；唯有這樣的死去，才能變成一個不生不死的真我。

從這時起，黃檗才確認臨濟已徹底悟道，便決定把禪燈傳給他。臨濟繼續留在黃檗門下很久，直到他做了河北臨濟寺的住持。最有趣的是看到這兩位師徒正像兩個拳擊家搏鬥一樣的互相考驗、互相競智。某天，臨濟在僧堂內小睡，黃檗進來看見他在睡，便用棒敲椅子一下，臨濟開眼一看是黃檗，便又閉目入睡，黃檗再打椅子一下，就離開。走到前面的僧堂，看見該廟的首座正在坐禪，便說：

「下間僧堂內的那個小伙子正在坐禪，而你在這裏亂想個什麼？」

首座回答說：

「啊！你這老傢伙，在幹什麼呢！」

黃檗也打一下椅子，走了出去。他這種作法是多麼的奇特啊！他把睡當作坐禪，而把坐禪當作胡思亂想。

另外一次，黃檗看見臨濟正在栽松樹，便問：

「在深山裏栽那麼多松樹做什麼？」

臨濟回答：

「一是它們可以為山門增加一番美麗的景致；二是它們可以為後人當作標榜。」

說完了，便用鍬在地上戳了三下，黃檗便說：

「雖然如此，你已經吃了我的三十棒。」

臨濟又戳地三下，並長噓一聲，黃檗便說：

「我們的禪宗到了你手上，將會大行於世了。」

臨濟在度夏假度了一半的時候，跑到黃檗山，看見黃檗正在讀經，便說：

「我以為是哪個人，卻原來是蒙了眼的老和尚。」

在那裏住了幾天後，便要再回去度假，黃檗對他說：

「你既然半夏才來，為什麼不終夏再回去呢？」

臨濟回答：

「我來這裏只是向你作一個短期的參拜罷了。」

黃檗聽了，舉手便打，把他趕了出去。臨濟走了好幾里路，心中覺得這樣匆匆的走掉，不太好，於是又回去度夏。後來，當他辭別時，黃檗問：

「你準備去哪裏？」

臨濟回答：

「不是去河南，便是回河北。」

黃檗舉棒要打，臨濟立刻接住，並反打黃檗一掌。黃檗被打得大笑；同時吩咐侍者去拿百丈先師的禪板和几案來，顯然他的意思是要把這些傳給臨濟。可是臨濟卻對侍者說：

「請拿火來。」

黃檗叫道：

「不必了。我只是要你帶這些去，以後可以坐斷天下人的舌頭。」

臨濟開悟之前，我們都已看過，他是非常拘謹和虔誠的；可是在他開悟之後，卻是一個極端破壞偶像的人。有一天，他去拜訪達摩的紀念塔，塔主問他：

「你是先拜佛，還是先拜祖呢？」

他回答：

「佛和祖，我都不拜。」

這話使塔主大為驚奇而問：

「佛和祖，跟你究竟有什麼冤仇啊！」

臨濟拂袖而去。

這種態度並不是一時的意氣，而是由於他內心有堅定的信念。例如他說：

「道流，出家兒，且要學道，祇如山僧，往日曾向毘尼中留心，亦曾於經論尋討，後方知是濟世藥，表顯之說，遂乃一時拋卻，即訪道參禪，後遇大善知識，方乃道眼分明，始識得天下老和尚，知其邪正，不是娘生下便會，還得體究磨練，一朝自省。道流，爾欲得如法見解，但莫受人惑，向裏向外，逢著便殺，逢佛殺佛，逢祖殺祖，逢羅漢殺羅漢，逢父母殺父母，逢親眷殺親眷，始得解脫，不與物拘，透脫自在。」

對於這一片殺聲，無須驚悸。臨濟只是認為要證道和了悟自性，便應把擋在路上的任何東西，都無情的丟在一邊。對他來說，生命的問題不是「是」，便是「非」。只有當一個人真正的自由，心不附物，才能證入無極。所以他的破壞偶像並非反宗教，實際上卻是最真實的宗教精神。

臨濟思想的重心在於「無位真人」。他不厭其煩的強調我們要信賴自己，但這個自己不是短暫的個體和形相，而是不生不死，超越時空，和道合一的真我。一個人如果只知有短暫的形體的我，他便是一個奴隸。一旦覺悟到他心中的真人，他便直證真我，而能逍遙自在。

在某一次法會中，他對大家說：

「你們的赤肉團裏，有一個無位真人，常從你們的門面前出入，你們尚沒有體驗到的人，試看看。」

這時，有個和尚出來問：

「什麼是無位真人？」

臨濟立刻從禪床上跳下來，抓住那個和尚說：

「你說，說！」

當那個和尚正想開口時，臨濟便把他推開說：

「這樣一個乾屎橛是無位真人?!」

說完後，便回到自己房內。

這段故事的意思是非常明白的。因當那個和尚問的時候，是把無位真人看作什麼奇異之人，而根本沒有想到他的真我。實際上，一個人如果以假我為我，便等於使自己流為奴隸，使自己像乾屎橛一樣的沒有生命、沒有價值。

臨濟的「真人」和愛默森（Emerson）的「最根本的自我」極為相似。愛默森像臨濟一樣，鼓吹自恃和自信，並強調這個自恃、自信的自我，不是形體的我，而是根本的我。現在我們將引證愛默森的「論自恃」，也許自恃兩字過於耳熟，反而使我們忽略了它的真正光彩；但筆者希望能透過禪的新看法，使它的光芒常新。愛默森說：

「在我們研究了自信的理由後，便可以解釋為什麼由個人原始行動會引發了這種磁性的吸力。但什麼才是可以作為普通信賴基礎的最根本的自我呢？這是一顆沒有視差，不能計量，而使科學受挫的星辰，它的美麗的光芒照透了繁雜不淨的行為。如果它沒有一點獨特之處，試問它的本性和力量又會是什麼呢？這問題使我們歸根究柢的，去探索那種被稱為自發或本性的天賦，道德，和生命的本質。我們稱這種根本之智為直覺，稱學習得來的為教授。那個分析所不能及的最後力量就是萬物的共同根源，在平靜時從靈魂深處，我們不知如何的透出了那種存在感，它是和萬物，時空，人類一體共存的，顯然，它就是和生命及一切存在同一根源的。」

以筆者看來，所謂「最根本的自我」，「這顆沒有視差，不能計量，使科學受挫的星」，正是臨濟的「無位真人」，有時稱為「無依道人」，或簡稱為「此人」。他所有的言行，都是直接或間接的指著這顆「沒有視差的星」，他四季不變的一直等著那「獨特之處」，雖然他經常是失望的。他從各方面去尋求「最根本的自我」，耐心的、熱切的等待著機會衝破小我的軀殼，解放自己，把自己從無知和貪戀的作繭自縛中解放出來。在臨濟眼中，那些學生不知自己的本來面目，而寧願享受奴隸般的舒服，真是可憐可悲！他們不用自己的直觀，卻寧願為了無價值的教授而付學費，他們自己心中就有佛母，卻要向外去求佛。臨濟奇怪為什麼這些人離開了自己的家，去尋別人的家。在他的粗獷作風後面有一股難以阻抑的慈悲心，這慈悲不是盲目的同情，而是開悟後的正見。在這裏，臨濟的棒和喝，都是從慈悲心中流出來的。

在禪宗裏，有一句俗語就是：「養子方知父母慈。」這也是臨濟對老師黃蘗的一種感受。有一次，他對僧眾說：

「求道的人，不要怕丟掉性命，我二十年前，在先師黃蘗處，三度問佛法的大意，三度挨打，我好像被篙枝刺了似的痛心，現在我想再吃一頓棒，可是又有誰能給我呢？」

當時有個和尚出來說：

「我能。」

臨濟便把棒遞給他，他正猶疑著去接，臨濟舉棒就打。這是告訴對方責任是不能逃避的。

臨濟雖然常用棒，但後人卻以他的喝相稱，而有「德山棒，臨濟喝」之說。如果我們看到他用喝的思想，而認為他特別善於用喝，也是不無理由的，他曾把喝的方法加以分類。有一次他對一個和尚說：

「有時一喝如金剛王寶劍，有時一喝如踞地獅子，有時一喝如探竿影草，有時一喝不作一喝用。」

作完這些分類後，他問那和尚說：

「你了解嗎？」

當那和尚正在猶豫著要回答時，臨濟便喝。筆者以為這一喝是屬於第一類，因為這像金剛王的劍一樣，要斬斷那個和尚的思想之流。

但當一位老師特別喜歡用某種方法時，這種方法便會形式化，使學生只知依賴，只知模倣。因此臨濟的學生也只知學著喝，而並不知喝的作用和意思。這情形使臨濟大為懊惱，深感必須去阻止這種鬧聲。有一天他對大家說：

「你們總是學我喝，我現在要考問你們，假如有一人從東堂出來，有一人從西堂出來，兩人齊喝一聲，你們能分得出誰是主、誰是客，如果分不出的話，以後不要再學我喝了。」

其實，喝並不重要；重要的是認清主客本是一體的。誰是主？就是你的真我。正如臨濟曾對大家說：

「儞若欲得生死去住，脫著自由，即今識取聽法底人，無形無相，無根無本無住處，活潑潑地，應是萬種施設，用處只是無處，所以覓著轉遠，求之轉乖，號之為祕密。」

臨濟一再的強調聽法的人是「無依道人」，同時又是「諸佛之母」。他不僅是聽者，而且是說者。臨濟又告訴大家：

「現今目前孤明歷歷地聽法者，此人處處不滯，通徹十方，三界自在，入一切差別境，不能回換，一剎那間透入法界，逢佛說佛，逢祖說祖，逢羅漢說羅漢，逢餓鬼說餓鬼。向一切處，遊履國土，教化眾生，未曾離一念，隨處清淨，光透十方，萬法一如。」

假如臨濟活在今天，他會像默燈一樣的說：

「如果我們不能跨過彼此之間的鴻溝，即使登陸到月球上去，又有何用呢！」

其實，他所有教學的重心就在於要我們跨越彼此間的鴻溝。因為「無依道人」就是真我。的確，人都有形體，即四大的和合；但在臨濟眼中，卻認為：

「儞祇今聽法者，不是儞四大，能用儞四大，若能如是見得，便乃去住自由。」

可是我們也不必厭惡形體，因為開悟之人是整體的，並非沒有形體的人。他也不須有什麼特別的作為，相反的，在開悟後，所有平常的行為，都變成真人的作用。因此我們也不要想任何超越之事。臨濟常引證南泉的「平常心是道」來告誡學生說：

「道流、佛法無用功處，只是平常無事，著衣吃飯，屙屎送尿，睏來即臥，愚人笑我，智乃知焉。」

又說：

「無事是貴人，但莫造作，祇是平常。」

只要我們真正能表顯自己，一切都是獨創的；否則如果一味的追求獨創，反而失去了獨創的精神。

臨濟深通老莊之道，不論他的信仰如何，至少他的思維形態是道家的。他所謂的「無依」、「無求」，正和老子的「無為」相同。他曾說：

「若人求佛，是人失佛；若人求道，是人失道；若人求祖，是人失祖。」

最珍貴之寶，是無依道人，是在你的身中，是你自己。因此向外追求，便會失去了它。同時，正因為它在你身中，你也無須向內尋覓，因為你尋覓的就是尋覓者自己，而不是有一個能讓你看到的對象。也就是說你的真我是主體，而不是對象。

關於這種主客的問題，臨濟有四種方法來對付，即是所謂的四料簡：

「有時奪人不奪境，有時奪境不奪人，有時人境兩俱奪，有時人境俱不奪。」

這四料簡是接引不同階段中人的四個方法。在第一階段中的人，他常會以主觀的偏見而枉曲了對事物的看法。如果要使他變得較為客觀，而不視人如物的話，便必須先破除小我的主觀因素。在第二階段中的人，他的看法比較正常，見山是山，見水是水。但卻須提醒他物不離心，客觀是不可避免的帶有主觀因素。只要他真正悟入主觀性，便進入了禪的最初境界，而不再見山是山，見水是水。在第三階段中，學禪的人已了解即使能夠主客相融，也只是經驗界，相對界。在這個時機，他必須提昇到更高的境界，看出現象世界中的主客都來自於同一個源頭，就是心。唯有這個心才是絕對的主體。在最後一個階段中，他由於前面那種精密的訓練，使他完全和真我合一。這時，他能夠自由的回到現象界，再見山是山，見水是水。此時，他所見的，是由心物交織成的錦繡山河，這叫做再造的乾坤，和以前所看到的那個赤裸的世界完全不同。

只有這最後的境界才能稱為「無依道人」或「無位真人」，他到任何地方都不會離開了家。臨濟正像莊子一樣，認為真人是「入火不燒，入水不溺」的。顯然莊子和臨濟所說的都不是指人的形體，而是人的真我，而是不屬於無常世界的不朽精神。臨濟曾描寫這種精神說：

「展則彌綸法界，收則絲髮不立，歷歷孤明，未曾欠少，眼不見，耳不聞，喚作什麼物？古人云：『說似一物即不中』，你但自家看，更有什麼，說亦無盡。」

在這裏，可見真我正像道一樣是不能用語言表達的。

臨濟和老莊有那麼多相同之處，這並不至於減低了他的獨創性。最重要的不在他是否最先有這種悟解，而是這種見解是否真的覺悟。以我的看法，臨濟在所有求道的人中，是最具有獨創性，句句話都來自他的肺腑。都像從噴泉中很自然的噴出。他非常博學，不僅精通佛典，而且也深通道書。尤其能把所學的消化成為自己最有生命力的思想。下面所引證的一段文字，是他整個思想的縮影。在其中，我們不僅可以看出道家和佛家思想的線索，而且更感觸到整段文字所表現的是一種嶄新的看法。這段文字是：

「真學道人，並不取佛，不取菩薩羅漢，不取三界殊勝，迥然獨脫，不與物物，乾坤倒覆，我更不疑，十方諸佛現前，無一念心喜，三塗地獄頓現，無一念心怖，緣何如此，我見諸法空相，變即有，不變即無，三界唯心，萬法唯識，所以夢幻空華，何勞把捉，唯有道流目前，現今聽法底人，入火不燒，入水不溺，入三塗地獄，如遊園觀，入餓鬼畜生，而不受報，緣何如此，無嫌底法，爾若愛聖憎凡，生死海裏沉浮，煩惱由心故有，無心煩惱何拘，不勞分別取相，自然得道須臾。」

從上面的這段話中，我們可以看出鈴木大拙所謂「禪是中國佛家把道思想接枝在印度思想上所產生的一個流派」是非常正確的了。事實上，禪是儒，道，佛三家的綜合，而應用於我們的日常生活之中。鈴木大拙更進一步一方面強調莊子智慧和禪宗精神之間的密切關係，一方面認為禪宗的最大貢獻是發揮了道和禪所共有的那種根本的悟力。正如他所說：

「禪的最顯明的特質是在於強調內心的自證。這種自證，和莊子的『心齋』，『坐忘』，『朝徹』是如出一轍的。只不過在莊子來說這境界是天機自發的；而在禪宗，卻是一種最基本的訓練。今天日本的禪就是循著這方面發展的。」

臨濟最重要之處是在於他富有機智，要是沒有這種機智，他不可能建立至今仍然生龍活虎般的臨濟宗。這並不是說他有意去建立臨濟宗，而是他的善於教導奠定了臨濟宗的基礎。

前面我們看過他的「喝」及「四料簡」。雖然他輕視機智，但他自己卻是極度的機智。也許他是太機智了，才故意要輕視機智的吧！其實悟道後的禪師，可以像「方便智」一樣的自由運用他的機巧方法，和銳敏的分別識而不致被它們所轉。但後代不知有多少資質較差的和尚是被它們所轉，而不能解脫。例如，他曾說：

「大凡演唱宗乘，一句中須具三玄門，一玄門須具三要，有權有實，有照有用。」

臨濟自己並沒有確切的說出什麼是三玄門，什麼是三要。因此使得後來許多學禪的人都以自己的立場來解釋，形成了歧見。直到現在，仍然是個參不破的公案。有的人認為三玄門是：

(1)體中玄
(2)句中玄
(3)玄中玄

三要是：

(1)真體絕朕
(2)大用無方

(3)邊中不立

今人陸寬昱居士在他的《禪和禪教》一書中曾說：

「三玄門是指體，所，和用。每一玄門有三階段，即是初，中，和末。因此為了要得到佛的智慧，學禪的人便必須經過九個階段，三層玄門。臨濟曾經通過它們，而把自己所成就的加以分析，即是現在所謂的三玄四要。」

如果這種解釋不錯的話，那麼臨濟便像把學生當作老鼠，在迷宮中安放了三重門，而在每個門上裝了三個祕密的開關。為了要走出迷宮，那些可憐的老鼠們必須要摸對九個開關。以筆者來看，這並不是臨濟的本意，也不是禪宗的精神。汾陽善昭的一首偈子說得好：

「三玄三要事難分，
得意忘言道易親，
一句明明該萬象，

重陽九日菊花新。」

我們千萬不能忽略臨濟的根本精神是在於他悟到真我就是無位真人。所有機變的方法，和推論的公式，都是次要的，都只有暫時的價值。後代學禪的人只注重次要的問題，而忽略了根本的精神，這實在是一大諷刺。這也是後來禪宗之所以不能保持原有的創造力。因為你一旦被公案所困，用你的聰明去解的話，那就像蒼蠅被蒼蠅紙所黏著一樣，永遠也得不到解脫。偉大的禪師是用各種不同的公案把你逼到牆角，使你在極度的痛苦之下，也許突然打開了內在之眼，看到你所被困的曲折的迷宮，只是一場惡夢；在你頓悟之時，便立刻消失了。現在先讓我們看看南泉的一段軼事：

有一次，陸亘大夫問南泉說：

「古代有一個人在瓶中養了一隻小鵝，鵝漸漸長大，出不了瓶。現在不能把瓶打破，也不能損傷鵝，請問你用什麼辦法使牠出來？」

南泉叫道：

「大夫。」

陸亘回答：

「是。」

南泉便說：

「出來了。」

這時陸亘才悟到了自己的真性。

也許有人奇怪臨濟自己對「三玄門」和「三要」的那種博雜的註解和冗長的思辨會有什麼感想。筆者以為如臨濟閉口不說，或像南泉一樣把鵝喝出瓶外，也是很自然的，毫不足奇。

臨濟曾對僧眾說：

「道流，莫將佛為究竟，我見猶如廁孔，菩薩羅漢盡是枷鎖縛人底物……大德莫錯，我且不取爾解經論，我亦不取爾國王大臣，我亦不取爾辯似懸河，我亦不取爾聰明智慧，唯要爾真正見解，道流設解得百本經論，不如一個無事底阿師。」

由此可見三玄三要也不過是廁孔而已。

第十二章　雲門宗的祖師——雲門文偃

禪師也像普通人一樣可以分成兩類；有些人是溫吞吞的，有些人是非常急躁的。在五宗的祖師裏，溈山、洞山和法眼是比較慢條斯文的，而臨濟和雲門卻是非常激烈急切的，其中臨濟比較激烈，雲門比較急切。臨濟的方法像閃電攻擊。他的一喝有如砲火的兇猛，無堅不摧，有如雄獅的怒吼，使萬獸懾伏。沒有人碰到他，而不被他所砍的。假如他要攻擊的話，是不放過任何一個人，哪管你是佛、菩薩、或祖師。只要你有名、有位，他便派了「無位真人」立刻把你殺掉，可見臨濟是多麼的可怕啊！但最可怕的還是雲門！

臨濟只是殺掉那些他所遇到的人，而雲門卻要屠盡天下蒼生。甚至在他們未生前，便要消滅乾淨。在他眼中，「無位真人」已是月的影子，已不值得去殺了。雲門很少用喝、用棒。他像一位魔術師是用咒語去殺人。他的舌頭是出奇的毒辣，尤其他是一位口才非常好的禪師。

雲門是一位徹底的破壞偶像者，有一次說法時，他提到釋迦牟尼初生時，一手指天，一手指地，繞行七步，環顧四方而說：「天上天下，唯我獨尊。」接著他對大家說：

「我當時如果在場看到，一棒便把他打死，拿來餵狗吃，以圖天下太平。」

他不喜歡維摩居士，有一天，他敲著鼓說：

「維摩的妙喜世界，都是一堆破爛，現在他手中拿著碗，正要到河南來討點粥吃。」

雲門好像對任何人都不尊敬，他有一次對僧眾說：

「俗子還說：『朝聞道，夕死可矣』，何況我們沙門，整天做些什麼事，實在應該要大大的努力啊！」

誰都知道他所引的話是孔子說的，但他卻不舉其名，而且直呼俗子。

雲門對自己也是一樣的無禮，例如他對僧眾說：

「即使我們能用一句話使你們頓悟，那也只是把糞撒在你們頭上罷了。」

這也就是說即使禪師已盡其所能，即使他的話已引導了學生的開悟，但那終究是一種手段而已。在雲門眼中，任何的言語，儘管世俗認為是非常有價值的，但與根本的常道仍然是隔靴搔癢的。他似乎極受老子：「道可道，非常道」的影響。但他既然醉心常道，又何須說那麼多廢話？因此每次說法時，他都感覺得很遺憾，例如他第一次在靈樹地方做方丈時曾說：

「不要以為今天我在欺騙你們，實在是不得已，說了這些話，使你們心中更加混亂。如果被明眼的人看見，便會把我當作笑柄了，但現在我卻是不得已啊！」

這是雲門的一個極大矛盾，他一方面具有特別好的口才，一方面卻反對言語，好像每一個字都瀆犯了神聖的、不可言的道。為了這點，他的心中是多麼的不安啊！幸好他用另一個矛盾來解決了這種不安。他曾說：

「如果是得道的人，火不能燒，終日說話，卻不曾動過脣齒，不曾說過一字，終日穿衣吃飯，卻不曾觸著一粒米，掛上一縷絲。」

銳敏的心使他極為煩惱。他對心中的每一念頭都很敏感，他的自知使他善於知人。也就由於這種敏感，使他能銳利的看透精神生命的玄祕，例如他說：

「人人盡有光明在，看時不見暗昏昏。」

這無疑的是一種極深刻的悟解。

雲門知道他的路子比較狹窄，他要追求更高的機智，他這一宗的特質是被公認為孤危險峻的。他自己曾寫了一首詩描寫其禪風說：

「雲門聳峻白雲低，水急遊魚不敢棲；
入戶已知來見解，何煩再舉轢中泥。」

這就是他的風格，現在我們就要勇敢的去窺探一下他的生活思想。據說有一天他把手放入木獅子的口中而大叫：

「救命！我被咬死了！」

現在我們也要把手放入雲門的口中，但不用擔心，即使我們會遭遇到像被獅子咬般的可怖，但也會像雲門一樣的安然無恙。

雲門文偃是浙江嘉興人，俗姓張，也許他的家境非常窮困，從少便被父母送到空王寺去跟志澄律師出家。他資質聰敏，特別善於言辭。後來他正式落髮，跟隨志澄律師好幾年，這時他特別精於律藏。但這並不能滿足他的深切需要，他覺得這樣並不能悟見他的自性。因此便去參拜黃檗的學生睦州，要求指示。當睦州一看到他，便把門關起來，他在外面敲門，睦州在裏面問：

「你是誰？」

他說出了姓名，睦州又問：

「你來做什麼？」

他回答：

「我尚未悟見自性，此來是為了乞求指示。」

睦州打開門，一看到他，立刻又關了起來。接著兩天來，雲門一再的敲門，也是同樣的被拒，到了第三天，當睦州一開門時，雲門便擠了進去，睦州抓住他叫道：

「快說！說！」

雲門正想著要開口時，睦州便把他推開說：

「你是秦朝的轆轢鑽啊！」

於是很快的關上門，壓傷了雲門的腳。至此他才開始悟道。後來經睦州的介紹，去參拜雪峯（西元八二二—九〇八年）。

當他到了雪峯山下的村莊時，遇到一個和尚，他向那和尚說：

「請問你是否上山去？」

對方回答是。於是他便說：

「請你為我帶幾句話給雪峯，不過你不要說出是別人告訴你的。」

對方同意了，他便說：

「你到了廟內，等大家集合，方丈步入法堂時，你便出來拍掌，直站在他面前說：『可憐的老傢伙，為什麼不把頸上所帶的鐵枷拿掉』。」

那個和尚一一依照雲門的指示去做。雪峯知道不是那個和尚自己的話，便跑過去抓住那和尚叫道：

「快說！說！」

那和尚不知要說什麼，雪峯便把他推開說：

「這些話不是你所說的。」

起先他還是不肯承認，等到雪峯叫侍者拿繩子棒子來時，嚇得他只好坦白說：

「那些不是我的話，而是村莊中一個從浙江來的和尚要我說的。」

於是雪峯便對大家說：

「你們都一齊到村莊上去迎接那個可以作為你們五百人導師的和尚回

來。」

第二天，雲門到了廟裏，雪峯一看到他便說：

「你來這裏為了什麼？」

雲門低頭不語，從這一刻起，他們兩心互相契合。雲門在雪峯處住了好幾年，由於雪峯的指導，使他深得玄旨，而承受了禪的心印。

接著雲門旅遊各地，去參禪問道。最後到了靈樹地方，那時靈樹知聖在當地做了二十年的方丈，頗有神通，曾把首座之位空出來，對僧徒說不久會有人來作他們的首座。某天，他預知雲門將來，便叫和尚們敲鐘，到大門外迎接，當他們出去一看，來的正是雲門。

在靈樹逝世後，雲門奉廣主之命做了方丈，在接任的第一天，廣主便來說：

「請你給我指示？」

雲門回答說：

「眼前沒有別的路。」

雲門的意思是只有一條路，不是很多的路。但他心中的一條路又是怎樣的路呢？要回答這個問題，便觸及了雲門整個哲學的重心。

有一次，雲門引證馬祖的話「一切語言，是提婆宗，以這個為主」，而說：

「說得對極了，只是沒有人問我！」

當時一個和尚便出來問：

「什麼是提婆宗？」

雲門怒道：

「在印度有九十六個宗，你是屬於最低的一宗。」

馬祖那句話最重要的一點是「這個」，所謂提婆宗只是掩飾的窗簾而已。即使馬祖說其他的各宗，對於該句話的真意並沒有任何改變。可是那個笨和尚只看到皮毛，而不見其血脈。雲門的見解正像馬祖一樣，只重視「這個」，也即是每個人的自性。只有這個目標，而沒有其他的路，因為沒有路可以從外面通向我們的自性。

這個自性是一切具足，沒有欠缺的。雲門一再的問僧徒「你們有欠缺嗎」；一再的提醒他們只有一個東西是最根本的，其他的都是無關緊要的；每個人都只有靠自己，沒有人能夠取代他的位置。他所有的說法都像一個啞巴似的要把心中的想法暗示出來，下面的一段話可以作為代表：

「我事不獲已，向你諸人道直下無事，早是相埋沒了也，更欲踏步向前，尋言逐句，求覓解會，千差萬別，廣設門難，贏得一場口滑，去道轉遠，有什麼休歇時，此事若在言語上，三乘十二分教，豈是無言語，因什麼更道教外別傳，若從學解機智得，只如十地聖人說法，如雲如雨，猶被訶責，見性如隔羅穀，以此故知一切有心，天地懸殊，雖然如此，若是得底人，道火何曾燒，口終日說事，未曾掛著脣齒，未嘗道著一字，終日著衣吃飯，未嘗觸著一粒米，掛一縷絲，雖然如此，猶是門庭之說也，須是實得恁麼始得。」

在禪學裏，雲門以「一字關」聞名，其實這只是他喚醒學生潛能的一種策略，而不是他的基本悟解。有許多禪學者以為他的一字回答是答非所問，認為這是教人崇尚反理則，以筆者看來，這與崇尚理則是一樣的錯誤。雲門與其他大禪師一樣，是超越了「理則」和「反理則」的，他的回答只是他對問題的自然反應。它們是被問題所引發，因此對問題來說，它們是問題的反應，自然是有意義的。它們不僅為問題所引發，而且是針對提出問題的人。因為禪師已經從他們的問題中直觀到他們的精神境界和需要。因此假如它們對問題沒有任何邏輯上的意義，至少它們對提出問題的人，卻有極生動的意義。

在這裏，我將列舉雲門的幾則「一字關」，而不作任何的按語，留給讀者自己去參：

1. 問：「如何是正法眼？」
答：「普。」
2. 問：「如何是啐啄之機？」
答：「響。」
3. 問：「如何是雲門一路？」
答：「親。」
4. 問：「殺父殺母向佛前懺悔，殺佛殺祖向什麼處懺悔？」
答：「露。」
5. 問：「如何是道？」
答：「去。」
6. 問：「先師（靈樹）默然處，如何上碑？」

答：「師。」

雲門的「一字關」並沒有什麼特殊的魔術。不論一字也好，幾個字也好，都是讓你自己去參破。這是他表達不可道之道的唯一方法。

雲門的另一個教法是用棒去直指「這個」，即是和絕對合一的真我。當我們看到雲門像魔術師一樣的揮著棒子時，要牢記住這點。現在讓筆者舉幾個例子看看：有一天，雲門在僧眾面前掉落棒子而說：

「這根棒子已化為龍，一口吞下了整個宇宙。請問山河大地從哪裏來？」

有一次，他舉棒喝著：

「啊！你瞧，老釋迦已來了！」

又有一次，他突然的問聽眾：

「你們要認識祖師嗎？」

接著用棒指著他們說：

「祖師在你們的頭上跳。你們要認識祖師的眼睛嗎？就在你們的腳下。」

有一次，他問一個和尚說：

「古人舉起或放下拂塵是代表什麼意思？」

對方回答說：

「在舉起之前，放下之後，去表示自性。」

這話贏得了雲門的衷心讚美，他很少有如此讚美過一個人的。

有時他不用棒子，去直指自性。正如他說：

「一切微塵諸物都在你的舌頭上，所有三藏聖教都在你的腳跟下。」

在雲門的眼中，這種悟解也只是進入自性的一個途徑。這個自性是超越了時空的，它是不拘於任何地方，卻又是無所不在的。因此只在你內心的深處去尋求自性，也是永遠得不到的。在這一點上，雲門和他同時的曹山也是看法一致的。他有一次問曹山：

「要如何親近這個人？」

曹山回答：

「不要從最祕密處去親近。」

雲門又問：

「如果我們已做到了這點，又怎樣呢？」

曹山回答：

「這就是真的親近。」

雲門叫道：

「對極了！對極了！」

雲門是否受了曹山的影響，這並不重要；重要的是他的悟解已超越了神祕和公開、內在與外在。他在任何事物，任何地方上都看到了絕對。有一次他引證了僧肇的兩句話：

「中有一寶，祕在形山。」

接著說：

「它帶了一隻燈籠進入佛殿，把廟的三個入口放在燈籠上，請問怎麼辦？」

聽眾沒有回答，他便自答說：

「逐物移意。」

過了一會又說：

「雷起雲興。」

有一顆看不見的寶珠藏在現象世界中，這一點是比較容易了解的；可是為什麼這顆珠寶帶了燈籠到佛殿內，而把廟的三個入口放在燈籠上呢？

他舉出這種現象界的荒唐，很顯然的是要把聽眾的心帶入超越的絕對境界。

他對自己所提出那個問題的兩個答案，是引出了絕對的另一面，即是絕對如何作用於現象界。燈籠象徵了禪的精神。三個入口也許代表三乘。把三入口放在燈籠上，正如六祖所說的使三乘歸於一乘。首先，這三乘都是分別的適合每個人的需要，而一乘則適合於悟道者的需要。雲門所謂的絕對是要「逐物移意」，完全順應萬物，而其作用是自發的，正像自然界的「雷起雲興」。

在這裏，便把我們引到了「雲門三句」。雖然這三句是由雲門的學生德山緣密（知名於第十世紀末），最先把它們連在一起的，但其觀念早已存在於雲門的言教中。這三句是：

(1)涵蓋乾坤
(2)截斷眾流
(3)隨波逐浪

這三句根本上都是屬於絕對的。以筆者看來，它們是表現出一套辯證歷程的三個方面，就其普遍性來說，是無所不在，涵蓋了整個宇宙的；就其超越性來說，是截斷眾流，超越了宇宙，不是我們所能窺破、觸及的；

就其對這個世界的作用來說，是與世俗相處，隨波逐浪的。

在雲門的言教中，我們很容易找到有關於這三句的證明。例如他引證雪峯的話：

「三世諸佛向火燄上轉大法輪。」

接著他解釋說：

「火燄為三世諸佛說法，三世諸佛都站在地上聽。」

他看出絕對是在火中、沙粒中，甚至最小的微塵中。是最近的，也是最遠的；是在自己身中，也是在北斗之上。這印證了他所謂的「涵蓋乾坤」。

有一次他被邀請到朝廷上吃素齋。一位官員問他：

「靈樹的果子熟了沒有？」

他回答說：

「請問靈樹上的果子，又有哪一年是不熟的。」

這回答非常風趣、巧妙。但這是否已答覆了對方的問題呢？顯然，對方是希望知道在他作方丈任內，是否有開悟的弟子！他不直接回答這個問題，而是以靈樹的果子為跳板，從時間之流跳入了永恆，而直指常道或「這個」。僅僅在時間中，才有所謂進度，生長，成熟，和衰亡。這些在絕對中，都是根本不存在的。雲門此處所用的方法就是把問話者的心從現象界提昇到超現象界，顯然這正是所謂的「截斷眾流」。

又有一次，有個和尚問他：

「在我們度了夏假之後，假如別人問我前途展望如何，我該要怎樣回答？」

雲門說：

「大眾退後。」

他不提到現象界的努力前進，卻要回到那個沒有進步的地方，在那裏正是「清波無透路」的。

雲門似乎是特別善於運用絕對的超越一面。

某次有人問他：

「樹凋葉落時怎麼辦？」

他的回答不僅漂亮，而且意味深長，他說：

「體露金風。」

這句話有雙重的意思，以自然面來說，當然這是指秋天樹幹已剝落得光禿禿的；以精神面來說，這是指法身或真我已剩下純粹的本質——永恆不變的存在。這句話像水晶一樣的明亮，像秋天的晴空一樣，萬里無雲，使我們的心進入了無窮的碧空。

如果把這些玲瓏剔透得有如珠玉的句子和洞山的「枯木花開劫外春」相比，則更為相映成趣。試看它們所表現的又是如何不同的景象啊！在洞山的句子中，我們看到了春日那種薰人的溫暖，而雲門的句子中卻透出了深秋月夜的清涼和明朗。但他們兩人都是精神上的巨人，都是超出了任何軌道的限制。因為「天」好像一所有很多公寓的大廈，可以容納各種不同的典型。

禪學各宗所共有的一個特點就是在精神生活上，你永遠無法直達最高峯。即使你爬到了山頂，仍然還要再上一層，也就是再回返平地。即使你達到了彼岸，仍然要回到這個世界來過著凡人的生活，然後再向前去。你必須在和「天地精神往來」之後，又回到人間，與世俗相處，你必須在「截斷眾流」之後，又能「隨波逐浪」。

雲門驚人之處就在於他一面像火箭似的干雲直上；可是當他下來時，卻要隨著生活上一切的波浪，潮水，暗流，漩渦浮游，因為這正是道在俗世的作用。

有人問他：

「什麼是道？」

他回答：

「去。」

這個「去」字，是如此的含意深長，使他不至於局限在自己的主觀意識上。如果以雲門所有的言教看來，它的意思可以說是：「自由無礙的去做適合你的任何事吧！不要依賴特殊的方法，不要考慮到後果，繼續的去做吧！」

他堅信：

「真空不壞有，真空不異色。」

他鼓勵他的在家弟子說：「在家和出家對於見性一點並沒有任何不同。」

他並引證《法華經》說：

「經中道：一切治生產業皆與實相不相違背。」

當然不同的生活，給予他們不同的責任。但每個人都必須腳跟著地，去盡自己的責任。這比那些沉湎於幻想，和空洞思維的人要高明多了。對於一個悟道者來說：

「天是天，地是地，山是山，水是水，僧是僧，俗是俗。」

他不贊成浪費時間去追求空洞的認識，因為最重要的是人的自性。

當你一旦見到了自性，你便會超脫了由無知和貪心的小我所形成的一切障礙和恐懼。使你作於快樂、遊於快樂、生於快樂、死於快樂。有個和尚問他：

「誰是我自己？」

他回答：

「遊山玩水。」

這句話所描寫的並不是問話的人，而是雲門自己內在的美麗境界。事實上，最能表現他這種境界的乃是：

「日日是好日。」

第十三章　法眼宗的祖師——法眼文益

法眼宗的建立者是法眼文益（西元八八五—九五八年），這是五宗裡最後成立的一宗。雖然它的壽命不長，但影響卻非常深遠。如果要真正認識它的特質，必須了解它的根本不僅深植於中國的佛學裏，而且在整個中國傳統的文化裏。它是屬於慧能大弟子青原的法統，其間有石頭、德山、雪峯、玄沙和羅漢桂琛等大禪師。羅漢的弟子就是法眼。

現在先要一提石頭的悟道和僧肇的《肇論》的關係。僧肇是鳩摩羅什的大弟子，深通於老莊哲學。他的《肇論》是融合佛道兩家思想的結晶。他的整個思想體系是建立在老子《道德經》第一章中所謂的玄同上。同時，他也受到莊子齊物思想的影響而說：

「天地與我同根，萬物與我為一。」

當石頭讀到了《肇論》的：

「會萬物為己者，其唯聖人乎！」

不禁撫几而感歎的寫下了：

「聖人無己，靡所不己，法身無象，誰云自他。圓鑑靈照于其間，萬象體玄而自現，境智非二，孰云去來。至哉斯語也！」

法眼宗不像其他各宗的禪師，只要體驗到自性，就可以直證真如；他除了不忽略內在的真人外，更要睜眼去看整個宇宙，以證入無極的境界。在他的眼中，宇宙萬物都是絕對，都是自性。本宗的前導玄沙曾有一則軼事，可以證明這種看法。有一天，他正準備去和僧眾討論問題，等他走到講壇上時，聽見廳外面的燕子在吱吱喳喳的叫著，於是便說：

「牠們是多麼深刻的了解實相，而善於講說法要啊！」

接著就走下了講壇，好像已經說完了法似的。

這種主張萬物能說法，並不是新奇的見解。慧能的弟子慧忠國師對此早就有很好的發揮。某次，有個和尚問他說：

「古人曾說：

『青青翠竹，盡是法身，

鬱鬱黃花，無非般若。』

不信的人認為是邪說，相信的人認為是不可思議。

不知師父的意見如何？」

慧忠回答說：

「這是普賢和文殊的境界，不是一般根智較淺的人所能信受的。這幾句話與大乘最根本的思想契合，《華嚴經》中曾說：

『佛身充滿於法界，普現一切群生前；隨緣赴感靡不周，而常處此菩提座。』

那麼翠竹既然離不了法界，豈不就是法身嗎？又般若經中曾說：

『色無邊，故般若亦無邊。』

黃花既然脫不了色象，豈不也就是般若嗎？如果連這點深切的意思都不了解，其他的就不用談了。」

這種差別為法眼宗所調和，而變成了它的主要特色。它不只是注重自性，更要超越了主客，直達玄妙的彼岸。勉強用文字來說明，這個彼岸，就像三界和萬物所從出的心。這個心是超越了主客，一多，同異，內外，普遍和特殊，本性和現象的。簡言之，它是超越了所有相對性。因此這一宗的方法，自然是採取「否定」，和「無知」。

前面我們已介紹了很多有關法眼宗的背景，接著要看看它的建立者及其後繼者的思想言教。

法眼文益是浙江餘杭人，俗姓魯。幼時便出家為僧，跟隨寧波餘杭寺的希覺律師學法。他求知欲很高，不僅努力研讀佛經，而且也浸淫於儒學。但由於為內心的神祕感所驅策，使他南到福州去尋求禪師的指點。可是總得不到悟解。某次當他經過地藏院的時候，正好碰到大雪阻途，便停下來休息。正在烤火取暖時，該院的方丈羅漢桂琛便問他：

「你去哪裏？」

法眼回答：

「只是行腳罷了。」

羅漢又問：

「什麼是行腳？」

法眼回答：

「不知。」

羅漢便富有深意的說：

「不知最親切。」

雪停了後，法眼便向羅漢告辭，羅漢送他到門口並問：

「你曾說三界惟心，萬法唯識，現在請告訴我庭下的那塊石頭是在心內，或是在心外呢？」

法眼回答：

「在心內。」

羅漢便說：

「你這位行腳之人，為什麼要把這樣一塊大石頭放在心中呢？」

這話把法眼說得窘極了，便放下行李，決心留下來，向羅漢討教疑難。每天他提出新見解時，羅漢都說：

「佛法不是這樣的。」

最後，法眼只得對羅漢說：

「我已經辭窮理絕了。」

羅漢便說：

「以佛法來論，一切都是現成的。」

聽了這話，法眼才恍然大悟。

然後，法眼做了方丈時，常對僧徒說：

「實體本來是現成的，就在你們目前，可是卻被你們變為名相之境，你們要想想怎樣才能再轉回原來的面目呢？」

雖然法眼非常博學，但他卻反對僧徒只知死讀書。因為道就在我們的眼前，只要直觀便可以證得。思辨和推理都會蒙蔽我們的心眼。

法眼曾引證一位老禪師長慶的一句名偈：

「萬象之中獨露身。」

接著問長慶的學生子方是否了解，子方只是舉起了拂塵，法眼便說：

「你用這種方法怎麼了解？」

子方反問：

「那麼你的看法呢？」

法眼也反問說：

「請問什麼是萬象？」

子方回答：

「古人不去挑撥萬象。」

法眼很快的回答：

「因為已經在萬象之中獨露了身，還談什麼撥與不撥呢？」

至此，子方才豁然了悟。

某次，有個和尚問：

「要如何的披露自己，才能與道相合呢！」

法眼反問說：

「你什麼時候披露了自己，而與道不相合呢?!」

顯然問這話的和尚並沒有做到披露自己與道相合，他的問題說明他仍然只是在遊戲著道，而不是任道逍遙。法眼尖銳的反駁，點出了他的錯誤。

可是他一直未悟，仍然問：

「當你的六識不能知真理之音時，又怎麼辦？」

顯然他想把責任推給意識，但法眼並不為其蒙蔽而說：

「那些都是你的一群家屬罷了。」

這是說不能推卸責任。接著法眼指著他說：

「你曾說六識不能知音，究竟是耳不能知，還是眼不能知？如果根本上有真理，怎能因六識不知，便說是無？古人曾說：『離聲色，著聲色；離名字，著名字。』所以要修得無想天的境界，須經八萬大劫的長時間，可是一旦墮落，仍然回到原來的無知和迷惑之地。這就是由於不知根本的真理的緣故。」

一旦具有這種真正的悟解，你看萬物，不再是用肉眼，而是透過了真如之眼。這叫做法眼，或道眼。某次，他問僧徒們說：

「眼溝不通，是因為被沙塞住了；可是道眼不通究竟是被什麼塞住呢？」

僧徒們都無話以對，他便自答說：

「只是被眼所阻礙罷了。」

這並不是說我們的肉眼沒有用。只要它們不塞住了道眼，卻是非常有用的。在法眼的道眼中，只要我們把萬物當一種方便或媒介來看，它們也自有其地位和作用，對於根本之真實來說，也自有其相對之真實。他認為菩提並非究竟，也只是為了方便而立的名詞。換句話說在究竟之道上，是無所謂較高的階段或境界的。某次，有個和尚問：

「什麼是最真實之地？」

法眼回答說：

「如果是地的話，便沒有最真實可言了。」

法眼是徹頭徹尾的形上實在論者，也是徹頭徹尾的經驗實在論者。他的形上實在論是由於他強調根本之道是超越了相對性的。他的經驗實在論是在於他以作用論性。例如有人問：

「什麼是古佛的心？」

他回答：

「是會流出慈悲喜捨來的。」

有人問：

「什麼是真正之道？」

他回答：

「第一希望教你去行，第二也希望教你去行。」

有人問：

「據說十方聖賢都加入此宗，請問什麼是此宗？」

他回答：

「十方聖賢都加入的就是此宗。」

雖然法眼非常博學，精通傳統的典籍。但他卻不是書本知識的奴隸。他認為書本的知識只是我們心靈磨坊所需的穀而已。他常引證古人的話，但由他的口中說出，都變成了他自己的東西。他決不會把手段當作目的，這個目的是把聽眾引向他們自己，引向那個超越言語觀念的常道。隨時隨地他都指示學生注意「這裏」和「現在」。有個學生問他：

「什麼是古佛？」

他回答：

「現在就很好嘛！」

這是說根本之道和你之間沒有間隔。另一位和尚問他：

「十二時中要怎樣修持？」

他回答：

「步步踏實。」

有人問：

「什麼是諸佛的玄旨？」

他回答：

「是你也有的。」

又有一次，有個和尚問他說：

「我不問你那個指，而是要問真正的月？」

他反問說：

「你所不問的那個指，又是指的什麼呢？」

這時另一個和尚問：

「我不問月，而是問那個指是什麼？」

他回答：

「月。」

對方抗議說：

「我問指，你為什麼答月呢？」

他回答：

「就是因為你問指啊！」

換句話說，月像宇宙中的萬物，而其所指的乃是最高的玄妙。莊子也曾說過：

「天地一指也。」

法眼在做南京清涼寺的方丈時，曾和南唐主李璟甚善，一天，當他們談完道後，便一起出去看花，法眼因李璟之請，做了一首詩說：

「擁毳對芳叢，由來趣不同，

髮從今日白，花是去年紅，

豔冶隨朝露，馨香逐晚風，
何須待零落，然後始知空。」

在這裏，我們可以說法眼不僅是位哲人、學者，而且是位詩人。其中第二句是模倣杜甫的名詩：

「露從今夜白，月是故鄉明。」

從技巧上來說，法眼的詩並沒什麼地方值得推許的。而且我們不禁會奇怪他那陣陣的哀思，似乎失去了像南泉、趙州和雲門等人的那種快樂自由的心情。難道花兒真的凋謝了嗎？難道玄沙所聽到的燕子不再吱喳的叫了嗎？難道馬祖看到的一群野鴨真的飛去了嗎？難道法眼未曾悟到「日日是好日」？難道他是南泉所謂的夢裏看花者嗎？

筆者對這些質問的回答是：詩並不能說明他思想的深度，而是他針對這位尊貴的學生所下的一劑對症之藥。其實，法眼是以善於接引學生著名的，他正像一位經驗豐富的醫生，知道針對各種病人而下藥。

下面是他另外一首詩，這首詩是為他自己而寫的。可以表現出他內在的境界：

「幽鳥語如篁，柳搖金線長。
雲歸山谷靜，風送杏花香。
永日蕭然坐，澄心萬慮忘。
欲言言不及，林下好商量。」

這首美麗的詩，透出了天機自發的永恆之音，可以使法眼與陶淵明、王維等詩人並駕齊驅。

事實上，法眼是一位神祕論者，不過他的神祕不是在於自然和宇宙的不可知；而是在於其生生不已。雖然他對《華嚴經》的造詣頗深，尤其精於六相的原理和解釋，但他卻不認為現象界和實體界是同一的，因為實體是離一切相的。在他眼中實體是空的，他和學生永明道潛的一段對話中便特別說明了這點。某次他問道潛曾看什麼經，道潛告訴他曾看《華嚴經》，於是他便說：

「總、別、同、異、成、壞等六相，在華嚴經中是屬於哪個部門？」

道潛回答說：

「是在該經的十地品中，照理說：出世和世間的一切法都具有六相。」

法眼又問：

「空是否還有六相呢？」

這話問得道潛懵然不知所對。接著法眼又說：

「如果你問我這個問題，我會告訴你。」

道潛便依照他的話問：

「空是否也具有六相呢？」

法眼立刻回答說：

「是空。」

聽了這話，道潛恍然大悟。高興得不禁雀躍，向法眼行禮道謝。於是法眼又問：

「你是怎樣了解的？」

道潛立刻回答說：

「空。」

法眼便大為讚許。

後來法眼死後（死於西元九五八年），李璟曾追謚他為「大法眼禪師」，題他的塔為「無相」。

在法眼的學生中，天臺德韶（西元八九一—九七二年）最為傑出。在這裏，我們無法詳細介紹他的言教，只能舉出他在通玄峯的廟中作方丈時所寫的一首偈子：

「通玄峯頂，不是人間；
心外無法，滿目青山。」

據說這首偈子贏得了法眼的讚美。但依筆者看，也許這偈子正答覆了法眼的老師羅漢所提出石和心的問題。顯然石頭決不會在人的心中，或眼中；但也決不會在人心之外，離開了這個世界。

和德韶同樣重要的是永明延壽，他是中國有數的佛學作家之一。他是一位極有思索和組織能力的天才，他的《宗鏡錄》有一百卷，是一部闡發禪理的不朽傑作。事實上，他的思想是折衷的，他為了烘托禪理，而從各方面去吸取精華。雖然他的書對於解釋一般佛學來說，是非常有價值的；但對於禪宗來說，卻有點弄巧成拙。禪宗是以「教外別傳」、「不立文字」

為號召的，可是結果卻產生了這樣冗長的論說，實在是一大諷刺。雖然，這並不是禪宗的致命傷，但加速了法眼宗的衰微，延壽卻難辭其咎。禪的精神是反對系統化，和折衷主義的；而延壽的作法正好是這兩者的代表。其實，延壽是熱心於把禪宗和淨土宗結合在一起，正如近人所謂：把念佛、讀經、求籤，和禪定融於一爐。但這個悲劇乃是當禪宗和這些修習及儀式結合之後，便失去了它的獨立精神，不再是它自己了。不過不可否認的這種結合卻使淨土宗更有活力。

雖然如此，但我們卻不能說延壽沒有一點禪味。他的許多對話和詩偈，卻顯示他具有禪師的特質。讀者可以從下面這首偈子中看出：

「欲識永明旨，門前一湖水；
日照光明至，風來波浪起。」

這是多麼樸素而動人的畫面啊！其中的悟境又是多麼的幽深啊！這是靜思的時候，也是活躍的時候，但在一切時中，又只是一池湖水罷了。

延壽是屬於法眼宗的第三代，在他之後，還傳了兩代。在第三、四代的時候，出現了好幾位禪師，法眼宗的精神仍然在他們的血脈中流動。在這裏，筆者只能介紹兩位。一位是杭州洪壽，他是由於突然聽到柴薪落地的聲音而悟道的。為此他寫了一首偈子，說出了他心中的悟境。而這首偈子也正是法眼宗思想的典型。筆者不準備在此贅述，因為在本章之末引證了朱子（西元一一三〇—一二〇〇年）的一段話中，曾提到這首偈子。

另外一位是杭州惟政（西元九八六—一〇四九年），他是以幽默、和自在的人生哲學著名的。實際上他卻浸淫於儒家的經典，特別是《論語》一書。孔子曾說：

「禮云，禮云！玉帛云乎哉！

樂云，樂云！鐘鼓云乎哉！」

他曾模倣著說：

「佛乎，佛乎！儀相云乎哉！

僧乎，僧乎！盛服云乎哉！」

他從來也不談禪。某次，有人問他說：

「你不是禪師嗎？可是你卻沒有談過禪呢？」

惟政回答：

「為什麼要浪費言語呢？我是太懶了，不願意那種機巧、紆迴的方法。只求日夜順著萬象的變化發展。言語是有限的，而我這種應付的方法卻是無窮的，因為造物就是無窮的寶藏。」

這是法眼宗的最後遺言了。

法眼宗對中國哲學來說，其重要意義是在所有佛家各宗各派中，特別和儒家聲氣相投。這無怪乎宋代理學家朱子，雖然對佛家激烈的批評，可是卻向一位學生大讚法眼宗的思想，下面就是那一段話：

「因舉佛氏之學與吾儒有甚相似處，如云：

『有物先天地，無形本寂寥，能為萬象主，不逐四時凋。』

又曰：

『樸落非他物，縱橫不是塵，山河及大地，全露法王身。』

又曰：

『若人識得心，大地無寸土。』

看他是什麼樣見識。今區區小儒，怎生出得他手，宜其為他揮下去也。

此是法眼禪師下一派宗旨如此。今之禪家，皆破其說，以為有理路，落窠臼，有礙正當知見。今之禪家多是『麻三斤』，『乾屎橛』之說，謂之不落窠臼，不墮理路，妙喜之說便是如此，然又有翻轉不如此說時。」

從這段摘錄中，很清楚的看出朱子的求道精神是非常真誠和虛心的，毫無意氣的門戶之見。在筆者讀了這段文字後，覺得有加以解說的必要。朱子所引的第一首偈子是第六世紀著名的傅大士所說的。他那活潑的個性和深刻的言教影響到後來的禪宗，所以他被公認為是禪宗的一位重要的先驅。這首偈子雖然筆者在現存的文學中只看到被引用了一次，但卻是法眼宗所常討論的主題。無疑的，這首偈子所包含的意思構成了法眼宗的骨髓，但當朱子說「與吾儒有甚相似處」，未免下語太匆促，因為以筆者看來，這首偈子根本是道家的靈感。不過，在朱子當時的儒家是早已受到了老莊思想的影響了。

朱子所引的第二首偈子，是前面我們已提到的洪壽的作品。至於第三首偈語，筆者尚不知它的出處。

朱子毫不掩飾的讚賞法眼宗，這說明了他心胸的寬大，也表明了他對後來學者走入狂禪的激烈反感。但假如他能像研究法眼宗態度一樣的深入其他各宗的傳統淵源中，他一定會發現其他各宗也「與吾儒有甚相似處」。其實有時我們對某方面的喜愛都是先天決定了的。這不僅是個人的嗜好如此，而且純粹的理性探討也會如此。

第十四章　禪的火花

(一) 時間和永恆

在禪宗的文學裏，有兩句名詩：

「萬古長空；
一朝風月。」

這兩句詩，有如一線初昇的曙光，射入了我們的心扉，使我們在永恆之流的第一個躍動中，震驚於天地的悠悠，萬化的靜寂。也就在這一躍動之間，有了形，有了色，有了生命，有了活動，沒有人知道一切是如何發生的。這是玄之又玄的問題，能夠感觸到這個神祕的存在，將會把我們帶入了一個極度新奇而快樂的世界。

這裏有一首日人芭蕉的最出色的俳句：

「寂寞古池塘，
青蛙躍入水中央，
潑剌一聲響。」

古池塘正像「萬古長空」般的靜寂，青蛙躍入水中央的那一聲潑剌，猶如「一朝風月」。世界上還有比在永恆的沉寂中，突然爆出的那一聲空谷之音，更為優美，更為扣人心弦的嗎？的確，每天都有創造的曙光，每天都是獨一無二的存在。一切都是第一次，也都是最後一次。上帝不是死亡之神，而是生生之神。

（二）一朝風月

善能是南宋的一位禪師，他曾發揮「萬古長空，一朝風月」的思想說：

「不可以一朝風月，昧卻萬古長空；不可以萬古長空，不明一朝風月，且道如何是一朝風月？人皆畏炎熱，我愛夏日長，薰風自南來，殿閣生微涼，會與不會，切忌承當。」

譯者按：這一節承上節的意思，要我們把握現在，體悟當前，別錯過宇宙人生中的每一事、每一物。正是所謂一花一世界，一葉一菩提。夜夜是春宵，日日是好日。

（三）祥瑞

處輝真寂禪師剛做方丈時，一位和尚問他：「我聽說釋迦牟尼說法時，地上開出金色的蓮花來。今天是你的就職典禮，有什麼祥瑞可見啊！」這位新方丈說：「我只是『掃卻門前雪』罷了。」

譯者按：這段故事說明一個真正得道的人，是無須塗上任何奇異的色彩。釋迦牟尼說法時的金蓮，只是宗教上的渲染而已。禪宗卻認為這是不必要的，所以他們反對神通，主張「平常心是道」。慧忠國師曾批評西天大耳三藏的他心通。法融禪師未得道前有「百鳥銜花之異」，證道之後卻平易如常人。這些都說明了道不遠人，在「掃卻門前雪」的這一簡單平常的行動中，就可證道。

（四）呵笑呵一

白雲守端禪師是楊歧的學生，他非常用功，卻缺乏幽默感。某次，楊歧問他以前拜誰為師。守端說：「茶陵郁和尚。」楊歧接著說：「我聽說郁和尚有一次過橋不慎滑倒，因而大悟，寫了一首詩偈，你記得這首偈子嗎」？守端回答：「這首偈子是：

我有明珠一顆，
久被塵勞關鎖；
今朝塵盡光生，
照破山河萬朵。」

楊歧聽了之後，便笑著走了。守端為了老師的這一舉動，整夜失眠。第二天一早，便去問楊歧為什麼聽了郁和尚的偈子要發笑。楊歧回答說：「昨天你有沒有看到那個打要的小丑？」守端說：「看到了。」楊歧又說：

「你在某一方面不如那個小丑？」守端問：「老師指的是什麼？」楊岐回答說：「小丑喜歡別人笑，而你卻怕別人笑。」守端因而大悟。

譯者按：這段故事的真意是勸人求道切忌拘泥不化，把普通人情之常，看得過於嚴肅，過於玄妙。楊岐的笑，是因事之可笑而笑，其笑本身並無意義。可是守端過於認真，拚命去研究楊岐為什麼而笑，這便有點緣木求魚了。在禪宗史上，不知有多少的和尚，像守端一樣，為了一個毫無意義的舉動而失眠整夜。其實，在我們研究禪宗的公案，以及其他歷史事跡，和學術思想上，也不知有多少的學者，像守端一樣，為了一個寫錯了的字，而挖空心思去替它將錯就錯的解釋。楊岐如果死後有知，真要在地下大笑不已了。

（五）巧解難題

禪師們常常故意用進退兩難的方法，把學生們逼得走投無路。如天衣和尚在翠峯明覺門下學道時，明覺曾給他一個難題說：「這個不對，那個不對，這個那個都不對。」當天衣正要想回答時，明覺便用棒把他趕了出去。這樣的情形發生了好幾次。後來，天衣充水伕，有次扁擔一斷，把整桶水都打翻了，就在這時，他見到自性，解開了這個難題。

香嚴智閑禪師有一次也以同樣的難題考問僧徒說：「求道之事正像一個人用牙齒咬住樹枝，高高的懸空吊著。下面有人突然問他：『什麼是祖師西來意？』假如他不答，便是他的不知；假如他回答，則一開口便掉下來摔死。請問究竟怎麼辦？」這時，虎頭招上座正好在場，他便站起來說：「我們不必問他在樹上怎麼辦？請你告訴我，他在未爬上樹之前，是怎麼樣的？」智閑聽了哈哈大笑。

義端禪師是南泉普願的大弟子，有一次他對僧徒說：「語是謗，寂是誑，語寂向上有路在。」

法雲禪師是雲門宗的人物，有一次對僧徒說：「假如你進一步，失道；退一步，失物。不進不退，則像一塊石頭般的無知。」當時一位和尚問：「如何才不至於無知啊。」法雲說：「捨偏除執，盡你的可能去做。」這個和尚又問：「我們如何才能不失道，又不離物？」法雲回答：「進一步，同時，又退一步。」

譯者按：以上所舉的四個公案，雖然巧妙各有不同，但都是用進退兩難的問題，逼學生捨執除偏，以達到是非兩忘、善惡雙離的境界。

第一個公案，說明這個不對那個不對，只有扁擔折斷，水桶倒翻，一切打破，才是最真的事。第二個公案，問未爬前是什麼，也就是要捨棄答與不答，而直證本來面目。第三個公案，是不落於言筌，不耽於寂寞，而探取向上一路。第四個公案，是進即退，退即進，雙即又雙離，以達到絕對圓融的境界。

（六）公開的祕密

黃龍祖心禪師和詩人黃山谷相交甚密，有一天，山谷問黃龍入道的祕密法門。黃龍回答：「孔子不是曾說過：『二三子以我為隱乎？吾無隱乎爾』嗎？你對這些話有什麼想法？」當山谷正要回答時，黃龍便插嘴說：「不是，不是。」弄得山谷莫名其妙。又有一天，山谷陪黃龍遊山，看到遍地開滿桂花，黃龍便問：「你聞到桂花香嗎？」山谷回答：「是的。」黃龍又說：「你看，我一點也沒有隱瞞你吧！」山谷大悟，深深的作了一個揖說：「你真是老婆心切。」黃龍笑著說：「我只是希望你回家罷了。」

譯者按：黃龍希望山谷回的是什麼「家」？這個家就是本來面目，就是最親切的自然。春花秋月，青山綠水，一切都現成的在眼前，自然之門是洞開的，道就在其中。可是山谷不知，偏要拚命尋求祕密法門。所以黃龍暗示他一切都是現成的，要他捨高深而歸於平淡，回到那個他曾迷失了的「家」去。

（七）向上一路

禪師們精神高揚，永遠的追求向上一路。但最有趣的是，從另一個觀點來說，他們的向上一路，又是向下的。正如有人問繼成禪師：「如何是向上一路？」繼成回答說：「你還是向下去體會吧！」

這使我想起了十字若望所說的：「愈向下走，愈爬得高，使我達到了目的。」在這裏，值得注意的是：這種相反相成的道理正觸發了我們的開悟。

十字若望是這種相反相成論的祖師，如他說：

「不想享受一切，而享受了一切。
不想占有一切，而占有了一切。
不想成就一切，而成就了一切。
不想知道一切，而知道了一切。」

這種相反相成的理論和老莊思想共鳴，莊子曾說：「至樂無樂。」

老子也說：

「聖人不積，既以為人，己愈有；既以與人，己愈多。」

又說：

「非以其無私邪，故能成其私。」

其實，老子也正是告訴我們唯有知而不自以為知才是真知。

譯者按：作者在這一章中表達禪的精神固然是向上的，但並非是一個空虛的形而上間架，而是透過了向下的路，有其實實在在的基礎。不僅禪與老莊思想如此，儒家所謂「能近取譬」，「下學而上達」，也莫不如此。

（八）啞子吃蜜

俗語說：「啞子吃黃蓮，有苦說不出。」禪師們也有一個相似的說法，如楊岐曾說：「啞子做夢，說與誰知。」慧林慈受則說得更巧妙，如下面一段對話：

和尚問：「當一個人感覺到而說不出，他像什麼？」

慈受說：「他像啞子吃蜜。」

和尚問：「當一個人並沒有感覺到，卻談得有聲有色，他像什麼？」

慈受說：「他像鸚鵡叫人。」

譯者按：啞子吃蜜，啞子做夢，與啞子吃黃蓮一樣，儘管他們嘗到的味道是甜是苦，但都有一種說不出的煩惱。這在世俗的眼光中，當然是一種悲哀。但對於禪宗來說卻正要我們學習啞子一樣，無論是苦、是甜，或是夢，都不足與外人道。最犯忌的就是像鸚鵡一樣，心中毫無所得，只在嘴巴上亂說，而流於文字禪、口頭禪。

（九）道樹應付怪物

道樹是神秀的門徒，他和幾位學生曾住在山上。那裏常常出現一個怪人，穿得破爛，講起話來卻非常粗野和誇大。並且能隨意化作佛菩薩、羅漢等形像，道樹的學生都非常驚恐，不知這個術士究竟是誰？究竟會變些什麼花樣？這個怪人一直在那裏作崇了十年，有一天終於消失了，不再出現。

道樹對他的學生說：「這個術士為了欺騙人心，施出千方百計。但我應付他的方法，只是不見不聞。儘管他的詭計層出不窮，總有用完一天，而我的不見不聞卻沒有終了。」

有一位和尚曾這樣的批評說：「說不到處用無盡。」

譯者註：道樹的這種方法是運用了老子的一個「無」字，以「無」制「有」。因為這個「有」不論如何的廣博，如何的堅固，總有個邊際，總有個竭處。而這個「無」卻是至大無外，至小無內，解黏去執，為用無窮。所以老子主無為，禪宗要倡無心了。

（十）奇異的菩薩

善慧菩薩即是聞名的傅大士，生於西元四九七年，是一位出色的禪宗的先鋒。有一次，梁武帝請他去講《金剛經》。他登上臺後，拍了一下警堂木，便下臺了。弄得武帝莫名其妙。善慧便問武帝：「你了解嗎？」武帝回答說：「完全不了解。」善慧卻說：「但我講的經已說完了。」

另有一次，善慧正在講經，梁武帝來了，聽講的人都站起來，只有善慧仍然坐著不動。近臣們便對善慧說：「君王駕臨，你為什麼不站起來？」善慧回答說：「法地若動，一切不安。」

又有一天，善慧穿著和尚的袈裟、道士的帽子，和儒家的鞋子來朝見梁武帝，武帝看見他這身奇異的打扮便問：「你是和尚嗎？」善慧指一指帽子。武帝又問：「你是道士嗎？」善慧指一指鞋子。武帝最後說：「那麼，你是方內之人了？」善慧又指一指袈裟。

據說善慧曾有一詩：

「道冠儒履佛袈裟，會成三家作一家。」

鈴木大拙說得好：「禪是綜合了儒、道、佛三家，而用之於我們的日常生活。」假如這種說法不錯的話，那麼，善慧早已開了先河。

善慧曾有兩首偈子，常為禪家所稱引：

「空手把鋤頭，步行騎水牛；
人在橋上過，橋流水不流。」
「有物先天地，無形本寂寥；
能為萬象主，不逐四時凋。」

譯者按：善慧是那時的一位奇人，但他這種奇異行為以禪宗思想來看，卻毫無奇異可言。他的不講經，只是表明道的不可說；他的見聖駕而不動，只是強調真人之最尊（以今語譯之，就是人格尊嚴）；他的奇裝異服，只是說明他不拘於一教，而要融三家為一體。

（十一）吾喪我

莊子所謂「吾喪我」的意思是指這個真我擺脫了自我。因為真我是透過了自我的消失而實現的，這也是一切宗教和智慧的普遍法則。唯有失了，你才能真有所得；唯有瞎了，你才能真有所見；唯有聾了，你才能真有所聞；唯有離了家，你才能真正的回家。簡而言之，唯有死了，你才能真活。生命是吾和我之間永恆的對話。

譯者按：偉大的盲女作家海倫・凱利在〈給我三天光明〉一文中曾說：「我常這樣的想，如果人們在早年有一段時期瞎了眼，或聾了耳，那也許是件幸福的事。因為黑暗將使他更了解光明，無聲將使他更能享受音籟。」這段話可以與作者本節中的見解互相發明。其實老子的「為道日損」，孟子的「天將降大任於斯人也，必先苦其心志」與禪宗的「大死一番，再活現成」，都有相通之處，也都是要消除自我，以求真我。

（十二）出家回家

和尚們驕傲的自稱「出家」。的確，離開了親愛的家而孤獨的去求道，並非小事。有一次，曹溪崔趙公問徑山道欽他是否可以出家。道欽回答說：「出家乃大丈夫事，非將相之所能為。」

許多禪師都說悟就是回家。他們常提到陶淵明的〈歸去來辭〉。下面是長慶應圓禪師的一首詩：

「寒氣將殘春日到，無索泥牛皆跨跳；
築著崑崙鼻孔頭，觸到須彌成糞掃。
牧童兒，鞭棄了，懶吹無孔笛，拍手呵呵笑；
歸去來兮歸去來，煙霞深處和衣倒。」

譯者按：禪師們一致認為道在自己心中，寶藏也在自己家中，因此求道覓寶，不必苦苦向外追求，只要返向內心，在自己家中就可享用不盡了。

但以譯者來看，也許人在福中不知福，必須浪子回頭，才知家的溫暖；必須出家以後，才能真正的回家。不過這時的「回家」，已經與「出家」時的那個「家」完全不同，已不是那個塵俗的家，而是自己的本來面目了。

（十三）導演上帝，或讓上帝自演

在這個混亂的時代中，有一本發人深省、極有意義的書，就是高漢（Dom Aelred Graham）的《禪的天主教義》。作者認為禪的精神是讓上帝自演，而不要導演上帝。他極為深刻的說：「悟是自我意識的消失，無我意識的完成。使我們不再導演上帝，而讓上帝自演。」

這種境界不是言語所能形容的，但我們卻可以從《莊子》的一段描寫中看出：

「魚相造乎水，人相造乎道。相造乎水者，穿池而養給；相造乎道者，無事而生定。故曰：魚相忘乎江湖，人相忘乎道術。」

譯者按：「相忘乎道術」是莊子思想的最高境界。所謂「相忘」就是〈大宗師篇〉裏的「與其譽堯而非桀，不如兩忘而化其道」。也即是慧能所謂的「邪正俱不用，清淨至無餘」、「憎愛不關心，長伸兩腳臥」的意思。所以在這裏我們可以看出道和禪的相通之處，我們也可以說這是禪和道的「相忘乎道術」。

（十四）鈴木大拙的禪味

那是在一九五九年的夏天，夏威夷大學舉辦第三屆東西哲學會議，主講人之一是八十九高齡的鈴木大拙。一天晚上，他向我們報告日本的人生哲學說：「日本是生於儒，死於佛。」這樣的說法使我深為感動。當然我了解他所指的，因為這在中國本是如此。不過，我以為這有點誇大，必須稍加修正。因此當他唸畢報告後，我便要求主席讓我問鈴木大拙博士一個問題。得到了允許後，我便說：「我聽到鈴木大拙博士說日本是生於儒，死於佛。深為感動。但近年來，我很榮幸的讀到鈴木博士〈生於禪〉一文，難道禪不是佛家嗎？或者日本只有鈴木博士一人是生於禪的嗎？假如還有其他的日本人是生於禪的，那麼所謂生於儒，死於佛的說法便要修正了。」主席很小心的把我的問題轉告鈴木博士（因為他的聽覺有點不便），整個討論會場的人都好奇的聽取回答。鈴木博士聽到主席的話後，便以大禪師的口吻，不假思索說：「生就是死。」這回答使得整個會場騷動。每個人都在笑看我的反應，而我卻大悟了。他並沒有回答這個問題，卻把我帶入了一個更高的境界，這境界是超乎邏輯和理智，超越了生和死。我真想給鈴木博士一掌，以表示和他共鳴。但我沒有這樣做，因為我畢竟是「生於儒」的。

（十五）與何穆的一席談

一九二三年，我在老友何穆法官家中度聖誕假期，有天早晨，他帶我去參觀他的私人圖書館，其中除了法學書籍，還有不少藝術、文學、哲學方面的名著，不時的，他抽出一二本書來，告訴我他對該書的看法。他告訴我詹姆士（William James）和羅益士（Josiah Royce）如何經常與上帝捉迷藏，他如何欣賞《金色的樹枝》一書，他如何被陶可偉（Tocqueville）的著作所深深的感動，尤其是《舊制度》一書，他認為必須閱讀以增進知識。最後，他以一種嚴肅的神情對我說：「親愛的孩子，我還沒有讓你看圖書館中最好的書籍呢！」我迫不及待的問：「收藏在哪裏？」他指著較遠的角落說：「在那兒。」我一看，大為驚奇，因為那是一個空架。於是我笑著說：「啊！你的精神真偉大，是永遠向前的。」接著，我覺得他不僅是向前，而且是向上。尤其在我研究《道德經》，發現老子強調「無」和「無名」之後，對於他所指的，更有了透澈的了解。

總之，何穆的這一作法，洗淨了我的塵俗之見。某天晚上，當我們正在一起閒談，何穆夫人（她和何穆一樣的已是八十高齡，也像他一樣的活潑）進來了，我便迎著她，打趣的說：「夫人，我為你介紹何穆法官。」她和他握手說：「何穆先生，幸會了。」這彷彿是六十多年前，她第一次遇見他的情景，這時，我們三人都相顧失笑了。湯姆士不是說過：哲學家是以新眼光看舊事物，以舊心情看新事物。這時，我對道家僅有一知半解，也從來沒有聽到過禪。現在看起來，那無疑的是一個禪的境界。已觸及了時間的永恆，像野鴨子飛過了馬祖和百丈的頭上。這個經驗雖然已過去，但其存在卻是永恆的。

（十六）禪的形而上基礎

禪，雖然是不可思議的，但它並非沒有形而上的基礎。它的形而上的本質可以從老子《道德經》的第一章中看出：「道可道，非常道；名可名，非常名。無，名天地之始；有，名萬物之母。故常無，欲以觀其妙；常有，欲以觀其徼。此兩者同出而異名，同謂之玄。玄之又玄，眾妙之門。」

這一章和禪宗思想的關係，可以簡述如下：

第一點：道是無可名狀的，任何言語文字都隔了一層，不能表達真境，我們只有用直觀去親自體驗。祖師的言語只是喚起你的直覺，而不是把道從外面灌輸給你。「名」之所以為「名」，也只是喚醒你心中之道的一種方便法門而已。

第二點：道是超乎名與無名的，從絕對的真如來說，它是無名的；但從相對的現象來說，它又是萬物之母。

第三點：道包含了本體和現象，是兩者的共同淵源。道之所以能包含這兩者，乃是因為它超越了這兩者。這種包含和超越之相生相成，是玄之又玄的。

第四點：由於玄之又玄，所以我們不能理解它。但我們本就是玄妙的一體，我們活於其中，動於其中，存於其中，深入其中而直達「眾妙之門」。正如宗教哲學家默燈研究道家和禪宗，曾說：「進入絕對的門是大開的，我們好像掉入了無限的深淵；雖然是無限的，卻又在我們的周遭。在這個平靜和無聲無息中，我們掌握了永恆。」

（十七）騎驢的煩惱

清遠佛眼禪師認為學禪有二病：一是騎驢尋驢，一是騎驢不肯下。騎驢尋驢的毛病易見，當你心向外逐，便忽略了內在，而徒勞無功。天堂本在你心中，可是你卻向外求玄。世界上不知有多少煩惱，就是由於這種顛倒夢想而致。

馬祖曾說：「自家寶藏。」唯有返向內心，你才能找到真正的寶藏。如果苦苦向外追求，你一定會失望的。雖然在你的潛意識中，暫時滿足於那些虛幻之物，但你不能永遠欺騙自己。布輪（Leon Bloy）深刻的說：「我們只有一種憂慮，就是深怕失去了樂園。我們只有一個欲望，就是希望能得到它。詩人以自己的方式尋求，浪子也以自己的方式尋求。他們都只有一個目的。」但悲劇的產生乃是由於他們都不知道樂園就在自己心中，卻背道而馳的向外尋求。

第三種病是比較微妙而難治的。現在你已不再向外尋求，你已知道自己騎在驢上，你已體驗到內心的安寧，遠比從外物所得的快樂更為甜蜜。但最大的危險是你過分迷戀它，反而會失去了它。這就是清遠所謂的「騎驢不肯下」。這也是宗教沉思者的通病。在默燈所著《禪思的種子》一書中，就曾指出這種危機說：

「這種含蘊的，不可分的內心的安寧，正像宗教儀式上的塗聖油，當它被摸觸時，便失去了芳香。你無須追求它，或占有它，也無須使它更香更甜，或永遠不消失。

這種沉思的心境像樂園中的亞當和夏娃，一切都是為你所有，不過有個非常重要的條件，就是一切都是被賜予的。

這不是你所能求的，也不是你所能要的，更不是你所能取的，一當你想占有時，便失去了你的伊甸園。」

在這裏，使我想起了龍潭崇信之所以頓悟了，這顆稀世的珠寶，只有不貪愛的人才能得到。

清遠最後勸我們說：「不要騎驢，因為你自己就是驢，整個世界也是驢，你無法騎牠。假如你不想騎，整個世界便是你的坐墊。」

（十八）神祕和平常

有一次，南泉普願禪師偶遊到一個村莊上，不料莊主知道消息，便出來迎接。南泉大為驚訝的說：「我凡是要去一個地方，事前總沒有告訴別人，請問今天你們怎麼知道我要來貴莊？」莊主回答說：「昨晚我做了一個夢，夢見土地公公說你今天會來。」南泉歎口氣說：「這是我的修行功夫尚未到家，所以才會被鬼神看到啊！」

禪師們一致看輕祕密作用或神祕的力量，牛頭法融的故事便是最好的證明。法融是江蘇延陵人，出生於書香門第，十九歲的時候，便博通經史，後來醉心般若，悟透真空。他曾說：「儒道世典，非究竟法，般若正觀，出世舟航。」於是便拜師落髮，隱居山寺。後來他到了牛頭山，住在幽棲寺北的一個岩洞裏，傳說他隱居的地方，常有各種鳥兒銜著花朵，向他致敬。

後來，四祖道信遙觀牛頭山的氣象，覺得其中必有異人，便親自來訪，到幽棲寺問一位和尚說：「這裏是否有道人？」和尚回答說：「出家人，哪個不是學道的。」道信說：「我是問你們當中，哪個是有道之人。」另外一位和尚回答：「離這裏大約十里左右，有個人叫做『法融』，他看到別人既不站起來打招呼，也不合掌禮拜，是否他就是你要尋的道人？」聽了這話，道信便依照指示而去，看到法融坐在那裏旁若無人。道信便問他：「喂，你在這裏做什麼？」法融回答：「觀心。」道信又問：「是什麼在觀？被觀的又是什麼？」這話問住了法融，於是法融便起來行禮說：「大德住在哪裏？」道信回答：「貧道居無定所，或東或西。」法融問：「你認得道信禪師嗎？」道信反問：「你為什麼要問他呢？」法融說：「我早已聽到過他的大名，很想看看他本人面目。」道信笑著說：「我就是他啊！」法融便問：「請問你到這裏有何貴幹？」道信回答：「只是來看看你罷了。」於是法融便請道信到他所住的小庵內。當道信看到小庵附近常有虎狼跑動，便舉手好像有點害怕。法融就說：「不要怕，還有這個在。」道信問：「什麼是這個？」法融不語。過了一會，道信在法融常坐的石頭上寫了個佛字，法融看到了這字，面露敬畏之色。道信就說：「不要怕，還有這個在。」法融不知所以，便請道信講解法要，道信說：

「夫百千法門，同歸方寸。河沙妙德，總在心源。一切戒門、定門、慧門、神通變化，悉自具足，不離汝心。一切煩惱業障，本來空寂。一切因果，皆如夢幻。無三界可出，無菩提可求。人與非人，性相平等。大道虛曠，絕思絕慮，如是之法，汝今已得，曾無闕少，與佛何殊，更無別法。汝但任心自在，莫作觀行，亦莫澄心，莫起貪瞋，莫懷愁慮，蕩蕩無礙，任意縱橫，不作諸善，不作諸惡，行住坐臥，觸目遇緣，總是佛之妙用。快樂無憂，故名為佛。」

法融聽了後，恍然大悟，於是不再隱居，而到各地行化，並精研《大般若經》。

雖然法融的牛頭禪被後人認為是禪宗的旁門，但他對禪理的發揚，卻功不可沒。他那些智慧的名言後來流傳到了日本，更大為發展。不過在中國牛頭禪之傳授門徒還要等到法融之後的第八世紀。現在，法融的詩偈可說已被佛家公認為中國大乘佛學的精華了。

在禪宗有個很普遍的公案是以法融為對象的，如大家常問法融未遇道信前有「百鳥銜花之異」，可是遇到道信後，為何卻沒有神異了？顯然的，所有禪師都一致公認後一境界比前一境界為高。不過對於這兩種境界的描寫各有不同，如：

善靜禪師：

「異境靈松，覩者皆羨」——前

「葉落已摧，風來不得韻」——後

廣德義禪師：

「鮓甕乍開蠅咂咂」——前

「底穿蕩盡冷湫湫」——後

彰州懷岳禪師：

「萬里一片雲」——前

「廓落地」——後

螺峯沖奧禪師：

「德重鬼神欽」——前

「通身聖莫測」——後

從上面這些例子，我們可以很清楚的看出禪的精神。由於禪師們能切實的證悟，才能使他們正確的把握精神生活的價值。感官上的慰藉固然不應輕視，但進入最高境界時，卻自然的會擺脫了它們。「孤寂」正像麵糰一樣，雖然淡而無味，但卻極為受用。尤其最值得注意的一點是，一個人內在的生活不是世俗所能知，這正說明了法融遇道信之後，一切神異都看不到了，也正是南泉所謂內在的生活是不易被鬼神窺見的意思。

然而以道的眼光來看，表面上孤寂，實際上卻是美好得有如伊甸園。這一點曾被雲門宗的兩位法師所描寫過：

德山圓明禪師：

「秋來黃葉落」——前

「春來草自香」——後

雲門法球禪師：

「香風吹萎花」——前

「更雨新好者」——後

這是一個極妙的看法，這些禪師們把這塊孤寂之地看作開滿了百合的花園。

任何偏於神祕主義的信徒，都會看出禪的精神和傳統。難怪醉心東方哲學和宗教的畢利（Thomas Berry）神父稱禪為「亞洲精神的高峯」，他真可謂知言了。

（十九）誰創造上帝

有一次，某位佛學家問我：「上帝創造萬物，但誰創造上帝呢？」我說：「那正是我要知道的，誰創造上帝呢？」我們都相顧而笑。

我們所談的這個問題，有點像趙州問大慈：「般若以何為體？」大慈也說：「般若以何為體？」趙州立刻發現他問錯了，便哈哈大笑。

譯者按：以譯者的看法，上帝創造萬物，這是就萬物來說，因為萬物都是現象界的東西，所以可用「創造」兩字來描述。但誰創造上帝，這就要推到比上帝更高的境界，而上帝本身已屬形而上，在描述形而上的本體時，不能用形而下的「創造」兩字，否則上帝便變成了物。所以「誰創造上帝」這句話本身已犯了邏輯上的毛病，因為當你用「上帝」兩字時，早已暗指「上帝」是最高的主宰，第一原因，不能被創造的本體，現在你卻要問最高之上還有誰？第一原因的原因是什麼？不能被創造的本體是誰創造的？這不是自我否定，自打嘴巴嗎？

同理，般若本來就是指萬物的本體，而趙州卻要問什麼是般若的本體，這就同問本體的本體是什麼，豈不是矛盾得可愛？難怪趙州知道了後，要哈哈大笑。

這「大笑」也是禪師們解決問題的一法，因為人世的一切，都像「本體以什麼為本體」那樣的可笑，所以禪師們都付之以一笑。吳博士在課堂上曾向譯者提到此點，後來譯者在贈書時，曾題下「大笑是禪聲」一語。譯者之所以畫蛇添足，也只是為了以博一笑。

（二十）追求自我的羅曼史

「對於我來說，做聖者，就是做你自己。因此所謂神聖，或超渡的問題，實際上，乃是追究什麼是我，以及如何去探索這個真我。」

這是默燈在二十年前所說的話，那時他完全沒有觸及莊子和禪宗思想。

可是這些話也是道家和禪宗努力追求的目標。而他之所以近些年來醉心於道和禪，也絕不是偶然的了。

莊子曾說：「夫有真人而後有真知。」我覺得笛卡兒的「我思，故我在」。應反過來說：「我在，故我思」。因為「唯有真人，才能有真知」。真人就是能發現真我的人。我們的生命就是羅曼史，就是追求真我的羅曼史。道德的根本原則是：「眾善奉行，萬惡莫作，自淨其心。」而其端點乃是去發現自己。莊子在下面一段妙文中曾寫盡了他生命的羅曼史：

「仁義，先王之蘧廬也，止可以一宿，而不可以久處。覯而多責，古之至人，假道於仁，託宿於義，以遊逍遙之虛，食於苟簡之田，立於不貸之圃。逍遙無為也，苟簡易養也，不貸無出也，古者謂是采真之遊也。」

我們的整個生命正像從假我到真我的朝聖進香。沒有任何的羅曼史比這種進香更有意義，更為動人。因為進香的目的和歷程都充滿了羅曼蒂克，沒有羅曼蒂克就沒有生命。這也就是禪師之所以要常常引用那句：「不風流處也風流」的名詩了。

好幾年前，何穆法官寫信告訴我要「面對不如意之事」，要「下定決心使平凡的生活充滿了羅曼蒂克」。世事真奇妙，這位十足的美國人，居然把我帶回到東方的智慧，或者說，回到我的本來面目。

（二十一）特立獨行的精神

禪師們最動人的個性是特立獨行的精神。他們一心只求最急切之事，而不向任何其他的人物敷衍和低頭。正如石頭希遷禪師所說：

「寧可永劫受沉淪，不從諸聖求解脫。」

這並不是驕傲，而是智慧的流露。因為沒有任何外在的力量能使你解脫，只有真理才能使你逍遙，也只有你自己才能證入真理。

有一則有趣的逸事：據說仰山的學生文喜在廚房內做事，常有文殊菩薩現身。文喜曾拿著炒菜的用具，把這個幻影趕走說：「文殊自文殊，文喜自文喜。」

翠巖可真禪師也這樣的說：

「丈夫自有沖天志，莫向如來行處行。」

禪師們公認最難之事就是要做個大丈夫。我們必須先通過許多碎心的折磨，不易克服的艱難，死般的孤寂，惱人的猶疑，和令人不安的引誘，然後才能達到頓悟之門。這也就是禪師們之所以要全力以赴，絕不放鬆一步，喘一口氣的原因了。

（二十二）老師的任務

由於禪宗特立獨行的精神，因此他們常否認自己得自於老師的傳授。如雪峯義存提到他的老師德山宣鑒時曾說：「我空手到他那裏，也空手而回。」實際上，這也是千真萬確的，因為沒有一位老師能把任何東西灌輸給學生，老師只是在學生需要時從旁輔導而已。

石頭希遷第一次拜訪他的老師青原行思時，青原問他：「你從哪裏來？」石頭回答說：「從曹溪（即六祖慧能）處來。」青原又問：「你帶了什麼而來？」石頭回答說：「我去曹溪之前就沒有缺少什麼。」青原又問：「既然如此，那麼你為什麼又要去曹溪呢？」石頭回答說：「要是我不去曹溪，又怎樣知道我是沒有缺少什麼呢？」

在這裏，我們很清楚的可以看出：雖然老師不能把任何東西灌輸給你，但他卻能幫助你看到內心的一切。他的教訓至少可以說是使你開悟的一種媒介。

（二十三）禪師常引用的詩句

禪師們最喜愛的，是王維的：

「行到水窮處，坐看雲起時。」

我在有關禪的文字裏，常看到這兩行詩句；有一位禪師曾加了四個字說：

「未能行到水窮處，難解坐看雲起時。」

王之渙有兩句詩，常被引作向上一路，就是：

「欲窮千里目，更上一層樓。」

最有趣的是五祖法演曾引用兩句豔詩：

「頻呼小玉元無事，祇要檀郎認識聲。」

這裏我們需要略為解釋一下：「小玉」是新娘的婢女名字。在古代中國，一個有錢人家的小姐出嫁時，在頭幾天，常需要婢女幫她穿衣打扮。通常，在婚禮之前，新郎和新娘都未曾見過面，但他們一見面，便一見鍾情。這時，她雖然愛上了新郎，但又難以啟口，而且新郎也像她一樣的害羞。因此為了使新郎知道她的聲音，她便一再的喊婢女。當婢女問她要些什麼時，她又茫茫然的說：「啊！沒有什麼。」

但這與禪又有什麼關係呢？新郎正像「無位真人」，是不可思議的，你不能喚他，因為他「無名」。然而儘管如此，你卻不能否認已深深的愛上了他，所以即使你喚別人的名字，也表示出你對他的愛心。他是你所有舉動和談話的真正目的，雖然你的舉動和談話不是直接對準他，但卻是幫助你表達了說不盡的情意。

法演的學生圜悟，也寫了一首絕妙豔詩似的偈子：

「金鴨香鎖錦繡幃，笙歌叢裏醉扶歸；少年一段風流事，祇許佳人獨自知。」

禪是極度個人化的東西，常被比之於吃飯喝水。圜悟的這首偈子可說是唯一以性愛的方式來談禪了，當然其真意也是很明顯的。

（二十四）莊子和法眼

梁山緣觀禪師是屬於曹洞宗的人物，有一次某和尚問他什麼是「正法眼」？他回答：「南華裏。」「南華」就是《莊子》一書（天寶元年詔號《莊子》為《南華真經》），這回答使那位和尚大為吃驚。因此又問：「為什麼在南華裏？」梁山回答：「因為你問正法眼啊！」

莊子和禪之間的關係是非常密切的，許多禪師都是由莊子的道而悟入，例如明朝的憨山德清（西元一五四六——一六二三）曾寫了一部《莊子註》，我覺得它遠比郭象的註解為出色。

大慧宗杲曾引申莊子的思想，認為道是超於「言」和「默」的。他不僅厭棄話頭禪和默照禪，而且反對禪理是在於公案。他甚至要燒掉老師圜悟所寫的《碧巖集》。他眼中的禪正和莊子的道一樣，是無所不在的。實際上，禪是因時而為與不為，語時默，默時語，動中有靜，靜中有動，完全在於時機。假如你行得其時，便等於不行，言得其時，便等於無言。

由於大慧學說的淵博，可見他是思索多於默想。他像一位歌唱家那樣高唱入雲，令人覺得他的聲音是發自喉嚨，而不是丹田。唐代的禪師們卻發自腳跟。大慧由於過分的出色，反而使他的思想不易深入。所以臨濟宗到了大慧，正像法眼宗到了延壽便逐漸衰微，這也不是偶然的。

（二十五）善是入禪之路

禪師們曾強調直觀是通向開悟之路，但以筆者的看法，不僅是頓悟，而且許多發自內心的善念也能使我們掙脫小我的軀殼，打破觀念和範疇，而直達真如境界。當我們的善念從內心中流出，而不局限於責任義務等觀念時，這就是禪。下面是有關這方面的幾個故事：

1. **韓伯俞：**

他的母親性情非常暴躁，當他小時，常遭母打，但他每次都很樂意的接受挨打，毫不哭泣。有一天，當他挨打時，卻傷心的哭了，他母親大為驚奇的問：

「以前你受罰時，都很高興，為什麼今天卻哭了？」

伯俞回答：

「以前媽打我時，我感覺得痛，所以知道媽很健康，但今天我不覺到痛，因此深恐媽體力衰弱，怎能不哭呢！」

2. 洪祥：

他的父親患了癱瘓，他日夜服侍，遞湯送藥沒有一刻休息，但他父親感到要新婚的兒子整晚離開媳婦，有點過意不去，便對他說：

「我現在好一點了，你回房睡吧！晚上只要留個僕人服侍就夠了。」洪祥表面上答應父親的話，可是一等父親睡了，便溜進房間睡在父親的床旁，深夜，他父親要下床，看到僕人正在熟睡，便想自己站起來，但很痛，正要跌倒時，洪祥趕緊起來扶住了他，他父親奇怪的問是誰，他回答「爹，是我」他父親被他的孝心所感動，抱住了他哭著說：

「天啊！你是這樣的孝順啊！」

3. 楊黼：

他離別雙親到四川去拜訪無際菩薩，在路上碰到了一個老和尚，那和尚問他：

「你去哪裏？」

楊黼告訴對方他要去做無際的學生，老和尚便說：

「與其去找菩薩，還不如去找佛。」

楊黼問：

「哪裏有佛啊！」

老和尚回答：

「你回家時，看到有個人披著毯子，穿反了鞋子來迎接你，記住，那就是佛。」

楊黼依照吩咐回家，在抵家的那天，已是深夜，他的母親已睡覺了，一聽到兒子叫門，高興得來不及穿衣，便披上毯子當外衣，匆忙中，拖鞋也穿錯了腳，趕緊來迎接兒子，楊黼一看到母親這種情形，立刻大悟，此後他便專心侍奉雙親，並寫了一大部的《孝經註》。

最有意義的是，楊黼的故事出於道家的軼事中，因此我們可以看出道家也運用了佛菩薩的智慧（因為這個老和尚即是無際）來宣揚儒家的倫理。

當道德是從赤子之心的淨泉中流出時，那也是非常柔和美麗的，它也和蛙聲一樣的，使我們能夠大徹大悟。

（二十六）寒山和拾得

唐代有一首非常扣人心弦的詩，就是張繼的〈楓橋夜泊〉：

「月落烏啼霜滿天，
江楓漁火對愁眠；
姑蘇城外寒山寺，
夜半鐘聲到客船。」

這首詩洋溢著禪的芳香，突然的使我們觸及了時間的永恆。

寒山寺在蘇州城外，是為了紀念寒山子而立的。或說寒山是一位傳奇性的人物，是在七世紀時，住在浙江天臺山國清寺的一位隱士，他不是和尚，不是居士，他就是他自己。他有位知己朋友，叫做拾得。拾得是在國清寺的廚房內做事。每次飯後，寒山便到廚房內吃別人剩下的飯菜。於是這兩位忘形的朋友便在一起談天說笑。廟裏的和尚們都以為他們是兩個大傻瓜。有一天，拾得正在掃地，有位老和尚對他說：「你名叫拾得，是因為豐干禪師把你拾來的！請問你的真姓名是什麼？」拾得便放下掃帚，默默的叉手而立。老和尚莫名其妙，再問時，他便拿起掃帚，走開了。又有一次，寒山搥胸大叫：「蒼天，蒼天！」拾得便問：「你在幹什麼？」寒山答：「你沒有看到嗎？東家鄰居死了人，西家鄰居去弔喪。」於是他們兩個人便載歌載舞、大笑大哭的走出寺門。

國清寺每逢月半，都要唸經。當大家集合在一起時，拾得突然拍手說：「你們集合在這裏沉思默想，究竟對『那事』有什麼用啊！」寺主罵了他一頓，他卻說：「請聽我的：不怒就是持戒，心淨就是出家。我的自性和你一樣，一切的道理都無間隔。」

寒山和拾得都是詩人，我先舉拾得的一首詩來看：

「從來是拾得，
不是偶然稱；
別無親眷屬，
寒山是吾兄。

兩人心相似，
誰能徇俗情？
若問年多少，
黃河幾度清！」

大家都知道黃河自有史以來未曾清過。後面兩句詩就是寫出他們的生命，比歷史還要長，比世界還要久。在全詩中，另外一個重點，說明了即使是隱士（寒山、拾得是中國最偉大的隱士），也需要知音，來互相慰勉，以期自己更具有完美的人性。

至於從寒山的詩中，你將發現他更富有人性。他有時也會感覺孤寂和思家，而坦然的說：

「獨坐常忽忽，情懷何悠悠。」

有時，他也懷念兄弟說：

「去年春鳥鳴，
此時思兄弟。

今年秋菊爛，
此時思發生。
綠水千腸咽，
黃雲四面平。
哀哉百年內，
腸斷憶咸京。」

要不是至情之人，不會有這樣的慨歎了。假如他甘願做一個隱士的話，那是因為他被神祕的衝動所驅使，而去尋求超乎世俗的東西，下面是他的一首詩：

「昔日極貧苦，
夜夜數他寶；
今日審思量，
自家須營造。
掘得一寶藏，

純是水晶珠。
大有碧眼胡，
密擬買將去；
余即報渠言，
此珠無價數。」

他內心的光景也可從下面一首偈子中看出：

「吾心似秋月，
碧潭清皎潔，
無物堪比倫，
教我如何說。」

由這境界來看，無疑的，他是深愛著自然，也唯有自然才能反映出他內心的一切。他有許多寫自然的詩都流露著飃渺之樂。例如：

「歲去換愁年，
春來物色鮮；
山花笑綠水，
巖岫舞青煙。
蜂蝶自云樂，
禽魚更可憐；
朋遊情未已，
徹夜不能眠。」

唯有得道之人，真正超越之人，才能隨心所欲的享受自然的美妙。一般人由於心中充滿了利欲和意圖，反而不能享受自然的風光。正如一個名叫陳道婆的老太婆，看到樵夫而寫了首偈子：

「高坡平頂上，
盡是採樵翁；

人人盡懷刀斧意，
不見山花映水紅。」

（二十七）誰是那個人

永安傳燈禪師對僧徒們說：

「這裏有一個人，他不靠佛，不生三界，不屬五蘊，祖師不能服之，菩薩不能名之，請說誰是這個人。」

無洩靈默禪師同為石頭和馬祖的學生，有一次某和尚問他：「什麼比天地還要大？」他回答：「沒有人知道他。」

靈默雖然最先是馬祖的學生，但他卻在石頭那裏悟道的。據說他到石頭門下時，不受注意，氣得立刻便走，石頭在後面喊道：「高僧！」靈默回過了頭，於是石頭便說：「從生到死，只有這個，回頭轉腦做什麼？」靈默聽了這話，靈默大悟，便在石頭那裏住了下來。

禪師們常以不同的名字來稱這個自性，如：「這個」、「那個」、「伊」、「本來面目」、「無位真人」、「自己」等等，有時甚至稱為「家賊」。

禪的真意是要以最親切的經驗，把「那個人」看作你自己。至於真我如何才能與「上帝」發生關係，這點我也不知道。我只知道真我是真我，上帝是上帝，這兩者都是不可思議的，誰能說出他們的關係？布倫以為用文字來描寫上帝，正如許多瞎了眼的獅子各自在沙漠中尋找水源一樣。這關係猶同樹和枝葉。這整棵生命之樹是多中有一，一中有多。不是兩元，也不是一元的。事實上，禪師要捨棄兩元，並不像西方許多學禪者一樣，又落於一元。這就是我之所知，我之所能說的了。

（二十八）禪宗解儒

《中庸》上曾說：「天命之謂性，率性之謂道，修道之謂教。」依照大慧宗杲的看法，認為「天命之謂性」等於法身，「率性之謂道」等於報身，「修道之謂教」等於化身。假如你能打破語言文字上的間隔，你將發現這種解釋的確是雖不中亦不遠也。

（二十九）悟的機遇

頓悟是不可能描寫的；但研究悟的機遇，不僅可能，而且是極為動人的。張九成居士有一次正在想一個公案，突然聽到青蛙的叫聲，立刻大悟，寫了以下的兩句偈子：

「春天月夜一聲蛙，
撞破乾坤共一家。」

一位和尚研讀《法華經》，看到「諸法本寂滅」處時，不禁心中起了懷疑，日夜的思考，甚至行住坐臥都在想。但是他愈想，心中愈亂。在某個春日，突然聽到黃鶯的一聲鳴啼，他便恍然大悟，立刻寫了下面的一首偈子：

「諸法從本來，皆自寂滅相；

春至百花開，黃鶯啼柳上。」

要不是這突然的一聲鶯啼，他又怎能了解宇宙的寂滅之相呢！不僅是聲音，而且顏色也可使我們開悟。靈雲志勤禪師便是見桃花而大悟的，他曾說：

「自從一見桃花後，
直至如今更不疑。」

當然，他以前也曾看過桃花，不過只有這一次，他看得最為真切，這也是他第一次面對著永恆的虛空，好像這些桃花都來自於活潑潑的心靈。以前，他只是夢中看花，而這一次，由於他內在精神的開悟，使桃花的形象，打開了他的心眼，看到美的源泉。這時，他所看到的桃花，不是孤立的物體，而是整個宇宙的活泉。

這使我想起了南泉和他的學生陸亘居士的一段故事。陸亘曾問南泉有關僧肇的兩句話：

「天地與我同根，
萬物與我一體。」

南泉指著庭前的牡丹花說：「一般人看到這株花，好像在夢中。」陸亘仍然不了解南泉的意思。

假如陸亘懂得僧肇的思想（其實這兩句話，是引自《莊子》），便了解南泉的意思。只有你體驗到天地和我是同一本源，萬物和我共一體性，你便會如夢初醒，看得真切。

假如我們眼中的上帝，不僅是位至高的工程師，而且是位至高的藝術家，或詩人的話，那麼，整個自然便會以最新的面貌呈現在我們的眼前，使我們的心靈欣賞其動人之美，好像處身於樂園之中。正如回教詩人沙地（Sufi Poet Sadi）所說：

「凡是醉心於上帝的人，

只要聽到水車的輾軋聲，也會忘形。」

有些禪師認為一個人覺悟之後，也能以眼去聽。讚美詩的作者便是這種人，他曾唱著：

「乾坤揭主榮，碧穹布化工；
朝朝宣宏旨，夜夜傳微衷。」

（三十）日日是好日

雲門有一次問僧徒們說：「我不問你們十五日（月圓）以前如何，我只問你們十五日以後如何？」僧徒們不能答，於是雲門便說：「日日是好日。」

十五日的月圓象徵開悟。開悟之人是自由的。世界上，沒有比死更壞，沒有比生更好；這並不是說他能免於未來的打擊，而是他知道那些都不會有害於他。

《無門關》一書的作者無門和尚，曾替南泉的「平常心是道」作了一首可愛的小詩說：

「春有百花秋有月，夏有涼風冬有雪；若無閒事掛心頭，便是人間好時節。」

最大的曲成之道，是一個人不關心自己的生命，反能真正享受生命之樂。只有不關心，才能真正照顧別人。

這使我想起了聖若望第二十三世，究竟是什麼使他那樣的感人、那樣的偉大？這是因為他能把自我完全沉入了對上帝的信仰中。對於他來說：「每日、每月都是聖主所賜，都是同樣的美好。」在一九六二年的聖誕節，他說：「我已進入了八十二高齡，我將走完了人生的旅程，日日都是生日，日日也都是死日。」在他臨終時，看到朋友們在哭泣，他要他們唱聖母瑪利亞的頌歌，並說：「勇敢點，這不是哭泣的時候，這是快樂和光輝的時候。」他安慰他的醫生說：「親愛的教授，請別傷心，我的行囊隨時準備著，離開的時候一到，我便不會耽擱一分一秒的。」

對於死之一念，如此的樂觀，人生還有什麼可怕，還有什麼不好的時辰，這正是莊子之所以要鼓盆而歌，雲門之所以要說「日日是好日」了。

禪門五宗法統圖

- 六祖慧能（638–713）
  - 青原行思（?–740）
    - 石頭希遷（700–790）
      - 天皇道悟（748–807）
        - 龍潭崇信（?–838）
          - 德山宣鑑（780–865）
            - 雪峯義存（822–908）
              - 雲門文偃（?–949）
              - 玄沙師備（835–908）
                - 羅漢桂琛（867–928）
                  - 法眼文益（885–958）
      - 藥山惟儼（751–834）
        - 雲巖曇晟（782–841）
          - 洞山良价（807–869）
            - 曹山本寂（840–901）
  - 南嶽懷讓（677–744）
    - 馬祖道一（709–788）
      - 百丈懷海（720–814）
        - 溈山靈祐（771–853）
          - 仰山慧寂（814–890）
        - 黃檗希運（?–850）
          - 臨濟義玄（?–867）
      - 南泉普願（748–834）
        - 趙州從諗（778–897）

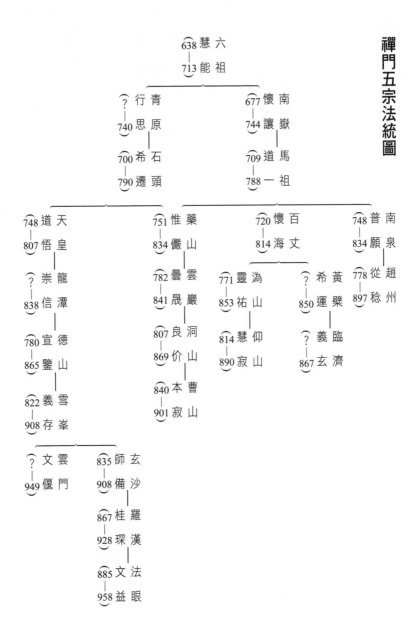

禪學的黃金時代 ／ 吳經熊 著；吳怡 譯. -- 二版. --新北市：臺灣商務, 2019. 02

面 ； 公分. --（OPEN ：2）

ISBN 978-957-05-2948-7（平裝）

1. 禪宗 2. 佛教傳記

226.69 103011641

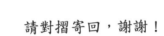

OPEN系列／讀者回函卡

感謝您對本館的支持，為加強對您的服務，請填妥此卡，免付郵資寄回，可隨時收到本館最新出版訊息，及享受各種優惠。

■ 姓名：＿＿＿＿＿＿＿＿＿＿＿＿ 性別：□ 男 □ 女

■ 出生日期：＿＿＿＿年＿＿＿＿月＿＿＿＿日

■ 職業：□學生 □公務（含軍警）□家管 □服務 □金融 □製造 □資訊 □大眾傳播 □自由業 □農漁牧 □退休 □其他

■ 學歷：□高中以下（含高中）□大專 □研究所（含以上）

■ 地址：＿＿＿＿＿＿＿＿＿＿＿＿＿＿＿＿＿＿＿＿

■ 電話：(H) ＿＿＿＿＿＿＿＿＿＿ (O) ＿＿＿＿＿＿＿＿＿＿

■ E-mail：＿＿＿＿＿＿＿＿＿＿＿＿＿＿＿＿＿＿＿＿

■ 購買書名：＿＿＿＿＿＿＿＿＿＿＿＿＿＿＿＿＿＿

■ 您從何處得知本書？

□網路 □DM廣告 □報紙廣告 □報紙專欄 □傳單

□書店 □親友介紹 □電視廣播 □雜誌廣告 □其他

■ 您喜歡閱讀哪一類別的書籍？

□哲學・宗教 □藝術・心靈 □人文・科普 □商業・投資

□社會・文化 □親子・學習 □生活・休閒 □醫學・養生

□文學・小說 □歷史・傳記

■ 您對本書的意見？（A/滿意 B/尚可 C/須改進）

內容＿＿＿＿＿＿編輯＿＿＿＿＿校對＿＿＿＿＿翻譯＿＿＿＿＿

封面設計＿＿＿＿＿價格＿＿＿＿＿其他＿＿＿＿＿＿＿＿＿

■ 您的建議：＿＿＿＿＿＿＿＿＿＿＿＿＿＿＿＿＿＿＿＿

※ 歡迎您隨時至本館網路書店發表書評及留下任何意見

臺灣商務印書館 The Commercial Press, Ltd.

23141新北市新店區民權路108-3號5樓 電話：(02)8667-3712

讀者服務專線：0800-056196 傳真：(02)8667-3709

郵撥：0000165-1號 E-mail：ecptw@cptw.com.tw

網路書店網址：www.cptw.com.tw

臉書：facebook.com.tw/ecptw